Apôtre Vincent Lushima Okito

Les 22 Manières du Parler de Dieu

Apôtre Vincent Lushima Okito

Les 22 Manières du Parler de Dieu

Éditions Croix du Salut

Cover image: www.ingimage.com

Publisher:
Éditions Croix du Salut
is a trademark of
International Book Market Service Ltd., member of OmniScriptum Publishing Group
17 Meldrum Street, Beau Bassin 71504, Mauritius
Printed at: see last page
ISBN: 978-613-7-37491-7

i. Introduction

Depuis 2012, grâce à l'accompagnement du Saint-Esprit, nous menons des investigations sur « ***le PARLER DE DIEU*** ». En effet, outre la prière, nous essayons d'interroger la Bible, la Constitution chrétienne, de lire certains ouvrages des érudits et échanger avec certains ministres de Dieu quant à ce.

Nous tenons, pour ce faire, d'exprimer toute notre gratitude à notre Seigneur et Sauveur Jésus-Christ qui nous a permis, dans le souci de transfert de compétences aux ouvriers du temps de la fin, de mettre sur papier les quelques résultats obtenus dans ce secteur.

Nous remercions de même tous ceux qui ont, de loin ou de près, contribué à cette œuvre, en particulier les étudiants de l'École Supérieure de la Bible, Niveau II, première promotion.

ii. Partage à trois dimensions :

Comme vous allez le remarquer, tout au long de cette étude nous partageons à la fois :

- Une expérience ministérielle acquise durant une période d'environ 30 ans aussi bien dans l'évangélisation que l'encadrement des brebis notamment;
- Des connaissances acquises dans ce secteur si complexe;
- Une partie de la révélation du Saint-Esprit dans ce domaine si délicat.

iii. Le problème

Ce sujet complexe fait appel à plusieurs questions principalement :

- Dieu continue-t-il à parler à nos jours comme autre fois?
- Si oui, à qui s'adresse-t-il et quel est le contenu de son message?
- De quelles manières ou comment parle-t-il?

C'est tout autour de ces quelques préoccupations que nous circonscrivons notre sujet ayant pour intitulé « ***LES 22 MANIÈRES DU PARLER DE***

DIEU », une matière importante intéressant aussi bien les serviteurs de Dieu à la recherche de l'efficacité ministérielle, les chrétiens pour une vie épanouie de sanctification et de victoire que les païens en vue de l'appel au salut.

iv. Les 3 types d'hommes dans l'église

Être Chrétien, c'est non seulement le fait d'accepter Jésus-Christ comme Seigneur et Sauveur, devenir sa propriété mais également grandir spirituellement et évidemment quitter le lait pour la nourriture solide.

Dans **1 Corinthiens 2 : 14-15** et **3 :1-2**, l'église comprend trois types d'hommes :

- L'homme naturel ou animal;
- L'homme charnel;
- L'homme spirituel.

iv.1. L'homme naturel ou animal

L'homme livré à ses propres inspirations, c'est-à-dire avec une nature adamique non régénérée (**Jude 18-19**). Son comportement n'est pas loin de celui de l'animal qui met bas ses petits qui deviennent ses partenaires sexuels à l'âge adulte (une vie remplie de désordre semblable à un animal).

De ce qui précède, l'homme naturel n'accepte pas les choses de l'Esprit, il est un païen, étranger à la vie de Dieu.

iv.2. L'homme charnel

C'est un Chrétien bébé, un enfant en Christ, c'est-à-dire il a accepté Jésus-Christ comme Seigneur et Sauveur mais il est encore un bébé spirituel qui a besoin du lait et non de la nourriture solide (la volonté n'est pas encore pliée aux paroles de Dieu).

De ce qui précède, l'homme charnel connait Dieu, il est né de nouveau mais s'affectionne aux œuvres de la chair (il est prompt au péché).

iv.3. L'homme spirituel

C'est un Chrétien qui vit et marche selon la parole et est rempli du Saint-Esprit. Il se laisse ainsi conduire par le Saint-Esprit en crucifiant les passions et désirs de sa chair (**Galates 5 :24**).

Eu égard à ce qui précède, la croissance spirituelle est un processus permettant au chrétien de passer de la phase d'enfance ou de bébé spirituel à celle d'homme fait capable de supporter la nourriture solide notamment la maîtrise sur les différentes manières de communiquer de Dieu afin de l'obéir et éviter notamment la stagnation spirituelle et/ou ministérielle et certains ratés dans plusieurs domaines comme celui de la prière, la prédication ou la délivrance.

v. Objectifs

En entreprenant cette étude, nous poursuivons les quelques objectifs ci-après :

- Amener le peuple de Dieu à un certain niveau de maturité spirituelle lui permettant de découvrir et entendre clairement, de manière non occasionnelle mais permanente, dans ses moindres détails, tout le langage de Dieu et le différencier de celui de l'ennemi ou de son imagination;
- Éveiller son attention à saisir le message de Dieu pour sa mise en pratique comme des brebis qui entendent la voix de leur Berger et le suivent (**Jean 10 :27**);
- Permettre aux ministres de Dieu de mener à bien certains services divins sous la direction de l'Esprit comme le dialogue pastoral, la délivrance, l'accompagnement spirituel ou coaching, l'évangélisation et le ministère de la parole.

vi. Les Trois Dangers

Ne pas entendre Dieu parler ou, de fois, croire qu'il est rentré dans son silence amène le peuple de Dieu en général et les serviteurs de Dieu en particulier, à courir trois principaux risques, à savoir :

- Prendre la mauvaise orientation ou décision au lieu de la bonne surtout devant un choix à faire avec ses nombreuses conséquences notamment la déception, l'échec ou le blocage;
- Connaître du retard avec ses effets néfastes comme les pertes des ressources temporelles, financières et énergétiques.

Il en résulte un stationnement sur plusieurs plans à l'instar de Samuel qui se confia à Eli alors que Dieu l'appelait à inaugurer « *l'ère prophétique* » (**1 Samuel 3 :4-9**) ;

- Se retourner contre Dieu en allant consulter les devins, faux prophètes, marabouts, féticheurs, charlatans et autres vendeurs d'illusions, des citernes crevassées incapables de retenir de l'eau, ayant fait du parler de Dieu un business, un véritable fonds de commerce (**Jérémie 2 :11-13**).

vii. Les Huit bénéfices du parler de Dieu

La maîtrise du parler de Dieu procure au Chrétien 8 bénéfices principaux, à savoir celui de :

- Maintenir la communion avec son créateur. Dans son plan originel (**Genèse 3 :8**), Dieu visitait, chaque soir, Adam et Ève pour notamment passer du temps avec eux, les instruire, connaître leurs problèmes, ... A notre dispensation, celle de la grâce, Jésus-Christ fait du Chrétien son habitation. C'est une grâce et un mystère où « le Chrétien se trouve en Christ et Christ en lui » (**Jean 14 :20**).

Outre cette communion avec Jésus-Christ constituant la première priorité dans tout exercice ministériel, la Bible énumère cinq autres raisons dans **Job 33 :14-18** :

- Donner aux hommes des avertissements c'est-à-dire des appels à l'attention ou à la prudence;
- Mettre le sceau à ses instructions, c'est-à-dire les confirmer;
- Détourner l'homme du mal et le préserver de l'orgueil ;
- Garantir son âme de la fosse;
- Et sa vie de coups de glaire autrement de corps mortels de l'ennemi.

Enfin, soucieux du bonheur de son peuple, Dieu parle pour :

- Rappeler ses ordonnances ou promesses surtout en période où son peuple se trouve en difficulté (**Ésaïe 44 :18-19**);
- Annoncer ou révéler des secrets, c'est-à-dire des nuptères ou choses cachées (**Jérémie 33 :3**).

viii. **Ossature**

Outre l'introduction et la conclusion, la présente étude comprend trois chapitres :

- Le premier est consacré au destinataire du message divin ;
- Le deuxième traite de 4 principales sortes de voix dans la vie chrétienne ;
- Le troisième abordera les 22 voies par lesquelles Dieu communique ;

ix. **Méthodologie**

Participative aussi bien dans l'assemblée qu'avec les étudiants.

Chapitre Premier : LE DESTINATAIRE DU MESSAGE DIVIN

Dieu n'est pas un humain, néanmoins son image telle qu'exposée dans la Bible confirme qu'il a en lui la capacité et le désir de communiquer.

Dans ce chapitre, nous tentons de répondre à la question : « ***à qui Dieu s'adresse-t-il?*** »

En effet, nous abordons non seulement le destinataire du message, c'est-à-dire la personne concernée par celui-ci mais également son attitude et les modes du parler de Dieu.

I.1. Le destinataire du message divin

Tout message divin, quel que soit son contenu, a un destinataire, la personne à laquelle Dieu s'adresse.

En effet, le destinataire du message divin peut être notamment un individu, une famille, une nation, une église, …

Le message de Dieu concerne tout le monde, aussi bien les Chrétiens, les rois, les familles, les ministres de Dieu que les païens.

De ce qui précède, Dieu parle à tout le monde. Croire qu'il existerait une catégorie de personnes auxquelles, il s'adresse de manière exclusive serait une erreur pour le chrétien étant donné que la voie du Saint des saints, hier réservée aux souverains sacrificateurs, est ouverte, aujourd'hui, à toute personne ayant accepté Jésus-Christ comme Seigneur et Sauveur (**Hébreux 10 :19-22**), au travers l'œuvre qu'il a accomplie sur la croix.

I.1. 1. Dieu parle à un individu

En s'adressant à un individu, Dieu recherche soit à lui confier une mission quelconque, l'avertir d'un danger imminent qui le guette, l'exhorter ou l'encourager, etc.

Dans **Jérémie 1 :4-6**, Dieu appelle Jérémie et lui confie la mission d'être prophète des nations en dépit de l'opposition de celui-ci justifiée par son âge (je suis un enfant) et son manque d'éloquence (je sais point parler).

Dans **Juges 6 :12-15**, Dieu confie à Gédéon la mission de délivrer Israël des madians, 7 ans après, associés à Amalek et aux fils de l'orient. Le vaillant héros, s'oppose en déclarant sa famille la plus pauvre et son âge non requis.

Il convient de préciser à ce stade qu'une fois que Dieu confie à une personne une mission spécifique, il lui dote en plus de capacités exceptionnelles ou surnaturelles et, de fois, réveille en lui des aptitudes endormis et jamais exploitées :

- A Moïse, outre le fait de se révéler comme étant « ***Je suis*** », il lui dote, des miracles (**Exode 3 :13-14; 4 :1-5**);
- A Gédéon, outre la révélation sur l'autel présent dans la maison de son père, à détruire, il confirme par des signes sa présence (**Juges 6 :15-23**);
- A Jérémie, il déclare, je suis avec toi pour te délivrer. Ils te feront la guerre, mais ils ne te vaincront pas (**Jérémie 1 :19**) ;
- Etc.

Devant sa lourde responsabilité, le roi Salomon dans **2 Chroniques 1 :11-12**, demande à Dieu la sagesse. Dans sa réponse, Dieu exauce la prière du roi en lui ajoutant outre la sagesse demandée, l'intelligence, la richesse, les biens et la gloire.

Au lieu de s'opposer, la prière est le moyen par excellence à une personne missionnaire de demander outre la sécurité mais l'accompagnement céleste dans l'accomplissement de sa mission.

Prière : *Seigneur Jésus-Christ, je suis né pour une mission. Révèle-moi ma mission dans ma famille, mon église et ma nation tout en me dotant des capacités surnaturelles pour son accomplissement au nom de Jésus-Christ! Amen.*

I.1.2. Dieu s'adresse à un roi païen

Dieu arrive à communiquer également au non croyant, c'est-à-dire à celui qui ne le connaît pas.

A. Pharaon

S'il faut le rappeler, Pharaon est le titre du roi d'Égypte employé avec ou sans nom du souverain. Dans **Jérémie 44 :30**, par exemple, la Bible cite l'un d'eux, HOPHRA, guerrier ayant régné du temps du prophète Jérémie.

Joseph, dans **Genèse 41 : 25-32**, en interprétant les songes du roi d'Égypte, le pharaon, l'informe que Dieu lui a parlé et qu'il exécutera ses desseins, à savoir les sept années d'abondance seront suivies et englouties par sept années de famine.

Il est connu de tous que la période de famine est non seulement difficile à gérer par tout pouvoir mais également source de fortes tensions sociales capables de renverser tout un régime. Le cas de Moïse en plein désert avec Israël en constitue une illustration.

Dans **Exode 16 : 1-3**, le peuple de Dieu accepte la dure servitude égyptienne que la délivrance à cause de la faim.

Les ministres de Dieu ont la responsabilité de préparer le peuple de Dieu contre cette guerre utilisée par Satan, à savoir celle de la faim, pour ramener plusieurs à la servitude en entamant sérieusement leurs vies spirituelles.

Eu égard à ce qui précède, Pharaon, roi païen, considéré comme dieu quoiqu'ayant lui-même plusieurs dieux est averti par l'Éternel pour son bien, celui de son peuple et la stabilité de son régime. De nos jours, certains dignitaires païens sont visités par l'Éternel pour le bien de leurs peuples. L'essentiel est qu'ils parviennent à décoder le message de Dieu et surtout le pratiquer.

B. Abimélec

Dans **Genèse 20 : 1-3**, le roi de Guérar, Abimélec est prévenu de sa mort brusque au cas où il oserait toucher SARA, la femme d'Abraham, c'est-à-dire accomplir l'acte sexuel avec elle.

Combien de dignitaires de nos jours sont prévenus de réels dangers qui les guettent notamment trahisons, coups d'Etat, complots, ... sans qu'ils s'en rendent compte?

I.1.3. Dieu parle à tout un peuple

Par l'entremise de Moïse, par exemple, Dieu annonce à Israël sa délivrance (**Exode 3 :7-8**). Jusqu'à ce jour, notre Dieu continue à délivrer des peuples entiers qui croupissent dans la misère, la pauvreté, la malédiction, ... au travers le monde.

I.1.4. Dieu parle à une famille

Dans **1 Samuel 12 : 27-31**, Dieu parle à la famille du sacrificateur Eli sur la perversité de ses fils et des conséquences qui surgiront notamment l'absence du vieillard dans cette famille. Ceci revient à dire que les membres de cette famille mourront jeunes.

Combien de familles, de nos jours, sont réputées familles de prostituées, bandits ou ivrognes? La voie de sortie est le salut et la repentance; elle offre un avenir radieux à ces familles étant donné que Dieu punit l'iniquité des pères aux fils jusqu'à la quatrième génération (**Exode 20 : 5; Proverbes 24 : 20**).

Somme toute, Dieu est le père de tous, il parle et manifeste son amour aussi bien aux païens qu'aux chrétiens. Il n'est pas à comparer à d'autres dieux, des idoles ayant des pieds mais qui ne marchent point, une bouche mais ne parlent point, des oreilles mais n'entendent point, ... (**Psaumes 115 : 1-8**).

I.2. Les quatre attitudes du destinataire

Le destinataire du message divin est appelé à développer quatre attitudes lui permettant non seulement de recevoir le message céleste mais également de le décoder et surtout le pratiquer.

Ces attitudes sont :

I.2.1 L'attention

L'inattention et la distraction ont fait rater à plusieurs chrétiens des messages relatifs notamment à leur bonheur, prospérité et croissance.

Dans **Ésaïe 48 : 18-19**, la Bible énumère quatre bénéfices de l'attention aux commandements divins :

- Un bien-être comme un fleuve, c'est-à-dire sans arrêt ;
- Un bonheur comparé aux flots de la mer (qui évolue de manière croissante);
- Une postérité comme le sable ;
- Un nom qui ne sera jamais effacé devant lui.

Dans **Genèse 28 : 11-16**, Jacob arrive à Luz sans se rendre compte que la terre était bénie et constituait « *la porte des cieux* » au risque de rater tous les bénéfices qu'elle offrait notamment la connexion céleste.

Dans son sommeil, il eut le songe de l'échelle dont le sommet touchait le ciel et sur laquelle les anges de Dieu montaient et descendaient. En outre, l'alliance Abrahamique lui fut confirmée. En se réveillant, il déclare : « ***certainement, l'Éternel est en ce lieu et moi je ne le savais pas!*** ». Le nom du lieu changea et devient BETHEL. Combien de chrétiens ou serviteurs ont eu à négliger ou abandonner la terre de leur alliance pour souffrir par après et, de fois, pleurnicher dans leurs prières?

Eu égard à ce qui précède, l'inattention prive le destinataire du message divin, particulièrement le chrétien, de tous ces bénéfices utiles aussi bien pour lui-même que sa famille.

L'inattention est donc dangereuse dans la vie chrétienne étant donné que Dieu ne sonne pas la trompette pour parler.

I.2.2L'humilité

L'humilité du destinataire permet à Dieu de lui livrer notamment des détails et secrets non connus selon qu'il est écrit en **Proverbes 15 : 33** : « ***l'humilité précède la gloire*** ».

Dans **1 Samuel 3 : 9**, le prophète Eli, dans son coaching payant, apprend au jeune prophète, Samuel, l'humilité lors de la réception du message : « ***Parle Éternel, ton serviteur écoute*** ».

I.2.3 La simplicité

La simplicité dont il est question ici est celle du cœur laquelle débouche à l'obéissance **(Éphésiens 6 :5**).

Dans **Proverbes 1 : 4**, il est dit qu'elle débouche au discernement.

I.2.4 L'Obéissance

Dieu parle à celui qui est à même de pratiquer ses ordonnances même s'il arriverait que son message soit contraire à ses intentions.

Dans **Genèse 22 : 1-14**, Abraham dans son obéissance, exécute l'ordre de l'Éternel, celui d'offrir Isaac en holocauste, en dépit de son affection à ce dernier. Il finit par bénéficier notamment :

- Le salut ou la résurrection d'Isaac ;
- Son remplacement sur l'holocauste par un bélier surnaturel ;
- La confirmation de son alliance ;
- De l'expérience d'un Dieu pourvoyeur, « ***Yahvé-Jiré*** ».

Nous rappelons que l'obéissance vaut mieux que les sacrifices (**1 Samuel 15 : 22-23**). Elle rapproche le chrétien de plus en plus de Dieu.

Notons enfin que la désobéissance a un prix à payer notamment la mort dans le cas du jeune prophète (**1 Rois 13 : 20-22**), la perte de la royauté ou de l'onction dans le cas du roi Saül (**1 Samuel 15 : 22-28**), ...

I.3. Les trois modes du parler de Dieu

Pour s'adresser à l'humanité en général, et de manière particulière à son peuple (les chrétiens), Dieu se sert principalement de trois modes, à savoir :

I.3.1 Le Direct

Il parle sans pouvoir passer par un intermédiaire. C'est le face à face où Dieu parle directement.

Schématiquement ce mode peut être présenté comme suit :

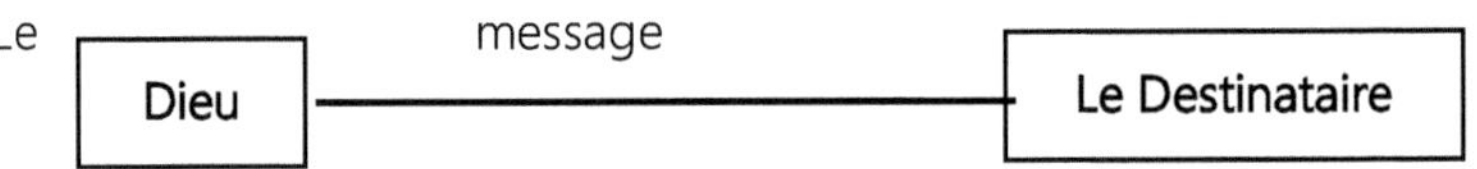

Dieu parla directement à Moïse dans le désert (**Exode 3 :1-10**), à Josué après la mort de Moïse (**Josué 1 : 1-9**), à Paul lors de sa conversion (**Actes 9 : 1-6**) et tant d'autres.

I.3.2 L'Indirect

Il parle au travers un intermédiaire, c'est-à-dire indirectement.

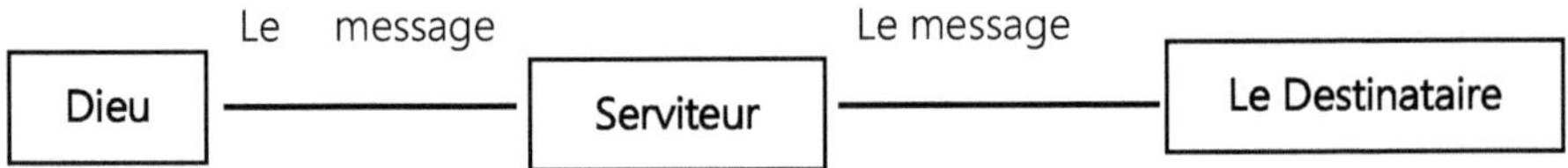

Dans ce mode, Dieu se sert de la bouche d'un intermédiaire notamment celle de son serviteur pour faire parvenir le message.

Dans **Actes 9 : 17**, par exemple, il parle à Paul au travers Ananias, disciple de Jésus-Christ.

I.3.3 Le Mixte

Dans ce cas Dieu se sert à la fois du direct et de l'indirect pour notamment confirmer son message en cas du doute du destinataire.

Qu'il soit direct, indirectou mixte, tout message divin revêt deux aspects essentiels. Il peut être :

- Codé : c'est-à-dire nécessitant une interprétation à l'instar du songe de pharaon interprété par Joseph (**Genèse 41 : 1-8**). Ce type de message requiert l'expertise d'autres serviteurs pour son interprétation.

Jésus-Christ dans certains de ses enseignements utilisa des paraboles qu'il expliquait seulement à ses disciples appelés à connaître les mystères du royaume des cieux (**Matthieu 13 : 1-11**), ces paraboles constituent des messages codés.

- Non codés : un message clair et précis ne nécessitant aucune interprétation.

Chapitre Deuxième : LES QUATRE PRINCIPALES SORTES DES VOIX DANS LA VIECHRÉTIENNE

Dans ce chapitre, le deuxième, de notre étude, nous essayons de répondre à la question : « ***Dieu est-il le seul à parler au chrétien?*** », Nous y répondrons par la négation.
De ce qui précède, la vie chrétienne est un carrefour de plusieurs voix sollicitant le chrétien, de fois, au même moment dans un sens comme dans un autre.

En écrivant ce chapitre, nous essayons d'amener le chrétien à un certain niveau de maturité spirituelle capable d'exercer non seulement le distinguo entre la voix de Dieu et les autres types mais également d'avoir le pouvoir de ne pas obéir ou céder aux multiples sollicitations et pressions de ces derniers.

Un chrétien conduit par le Saint-Esprit expérimente, au jour le jour, des mystères spirituels et aspire à la croissance spirituelle au travers notamment la connaissance et surtout la révélation. Il évite ainsi de rester, à perpétuité, un bébé spirituel caractérisé notamment par :

- La dépendance dans tous les domaines de sa vie, une prison sans murs ;
- Les erreurs et tâtonnements ;
- Une stagnation matérielle, financière ... ;
- Etc.

Somme toute, un bébé spirituel est un chrétien faible spirituellement, un terrain de toute sorte de combats, qui se laisse tout imposer par tout et dont Jésus-Christ n'occupe pas la place voulue (Romains 8 : 14).

Plusieurs voix sollicitent l'esprit du chrétien parmi lesquelles quatre sont principales. Il s'agit de :

- La voix de Dieu ;
- La voix du diable ;
- La voix de la chair ;

- La voix de l'imagination.

<u>Prière</u> : *Seigneur Jésus-Christ, au travers ton Saint-Esprit apprend-moi à discerner ta voix des autres et accorde-moi la force de ne pas obéir à ces dernières au nom de Jésus-Christ. Amen* !

La voix de Dieu constituant le dernier chapitre de cette étude, nous traitons les 3 autres types de voix dans les lignes qui suivent.

II. 1. La voix de diable

La Bible nous prévient dans 1 Pierre 5 : 8 que notre adversaire, le diable rôde comme un lion rugissant, cherchant qui il dévorera. Pour y parvenir, il se sert de diverses astuces notamment son parler.

Dans la vie chrétienne, le fait d'écouter le diable et lui obéir tout en croyant que c'est la voix de Dieu est une faute spirituelle à lourdes conséquences fâcheuses à éviter étant donné qu'on s'expose et qu'on hypothèque son avenir et bonheur car la mission principale du diable d'après Jean 10 : 10 est celle de dérober, égorger et détruire.

II.1.1 Exemples

Arrive-t-il au diable de parler? Certainement oui. La Bible nous présente plusieurs exemples où le diable parle notamment :

a) Dans Genèse 3 : 1-4, sous la forme du serpent, il s'adresse à Ève dans le jardin d'Éden jusqu'à la séduire à manger le fruit pourtant défendu. Au travers elle, Adam, de même, mangea ce fruit de l'arbre de la connaissance du bien et du mal.

Les conséquences de cette désobéissance ont été néfastes et immédiates :

- L'expulsion du jardin ;
- La rupture de la communion avec Dieu ;
- La souffrance ;

- La mort ;
- Etc.

Eu égard à ce qui précède, pour détruire une famille, la première église, le diable se sert principalement de l'un de deux conjoints. Il en profite notamment en cas de distanciation sociale, entre eux et spirituelle. Nous recommandons aux non-mariés d'opérer un choix judicieux de leurs conjoints de peur de se retrouver en enfer après avoir souffert énormément sur cette terre par mauvais choix.

b) Dans **Matthieu 4 : 1-11**, le diable s'approche de notre Seigneur Jésus-Christ pour le tenter après 40 jours de jeûne et prière.

Afin de parvenir à sa mission, il lui présente deux bombes à destruction immédiate et difficilement contournables :

- La parole de Dieu falsifiée(mal interprétée) : « *il est écrit* ». Plusieurs chrétiens courent le risque d'être emportés par tout vent de doctrine en faisant foi au « *il est écrit* » démoniaque et, cela, sans moindre vérification ;
- Les choses charnelles comme la nourriture, les richesses de ce monde, la gloire et le pouvoir.

Il a fini par échouer et laisser notre Seigneur Jésus-Christ être servi par les anges.

II.1.2 Objectifs de l'ennemi

En parlant au chrétien, l'ennemi vise plusieurs objectifs notamment :

- Rompre sa communion avec l'Éternel ;
- Sa mort spirituelle accompagnée de fois de la mort physique ;
- Sa servitude ;
- Etc.

II.1.3 Les Trois armes

L'ennemi se sert de trois armes principales pour attraper dans son filet le chrétien ou ministre de Dieu!

- **La ruse** : une sagesse fausse ou spécieuse, une tromperie. Être rusé signifie déployer son intelligence pour tromper (**Genèse 3 : 1, Matthieu 6 : 4**) ;
- **La séduction** : un procédé diabolique basé sur le mensonge, la flatterie et l'orgueil. Dans son sens spirituel, elle consiste à conduire une personne dans l'erreur doctrinale, à l'écarter de la vérité pour l'amener à adorer un autre que le véritable Dieu. Elle s'accompagne parfois par des signes et miracles mensongers (**Matthieu 7 : 15-16**) ;
- **La confusion** : un brouillard épais sur la route du chrétien, une forteresse mentale ou spirituelle qui empêche au chrétien de penser et de comprendre clairement. Il s'agit de l'action de confondre, de prendre quelqu'un ou quelque chose pour quelqu'un ou quelque chose d'autre. De ce fait, la confusion est source notamment d'une hésitation (**Jean 8 : 32**).

Dans la méthodologie, l'ennemi se sert d'une ou plusieurs questions pour notamment semer le doute dans la vie du chrétien, lui ôter l'occasion de réfléchir et remettre en cause l'autorité de la parole de Dieu moyennant de « *demi-vérités* » ou « *l'évangile de la perdition* », la vérité complète étant Jésus-Christ. Dans **Genèse 3 : 1-3**, par exemple, le serpent pose la question à la femme : « *Dieu a-t-il réellement dit : vous ne mangerez pas de tous les arbres du jardin?* ». En répondant la femme tombe dans la falsification de la parole de Dieu en ajoutant le « *vous n'y toucherez point* » contrairement à la parole de Dieu (**Deutéronome 4 : 2**).

Dans **Jacques 4 : 7**, il est écrit « *soumettez-vous donc à Dieu, résistez au diable, et il fuira loin de vous* ». Selon le Larousse illustré (1995, p.883), résister signifie tenir ferme en réagissant, ne pas céder sous l'action d'un choc, d'une force.

La résistance sus évoquée passe notamment par :

- La connaissance de la parole de Dieu permettant d'opposer à tout « *il est écrit* », « *il est aussi écrit* » pour ainsi barrer la route aux contradicteurs et séducteurs se servant de la Bible pour assouvir leur soif de fornication ou adultère, d'escroquerie, ... (**Matthieu 4 :5-7**) ;
- La culture de l'humilité et celle de la vie de prière après chaque service par le ministre de Dieu surtout celui couronné par le succès : c'est « *la gestion du succès* » étant donné que le diable se présente toujours à la fin de celui-ci (**Matthieu 14 : 22-23**).

II.1.4 Les sept épines

La voix du diable suscite dans la vie du chrétien des épines capables notamment de détruire son épanouissement spirituel en créant principalement de l'amertume, le blessant ainsi à tout instant de sa vie au travers son passé ou son avenir qu'il qualifie de sombre.

Ces sept épines sont :

- L'accusation ;
- La culpabilité ;
- La condamnation ;
- La honte ;
- La peur ;
- L'angoisse ;
- Et le désespoir.

Ces épines dangereuses peuvent être déracinées par :

- La parole de Dieu (**Jean 8 : 36**) ;
- La prière (**Matthieu 15 : 13**) ;
- Les enseignements ;
- L'accompagnement spirituel.

II.1.5 Les Cinq caractéristiques de la voix du diable

Afin d'exercerun discernement entre la voix de Dieu et celle de diable, il est utile au chrétien ou ministre de Dieu de maîtriser les cinq caractéristiques de la voix du diable :

- Elle contredit et falsifie la parole de Dieu au travers un évangile de mensonge, la doctrine des démons, qui défend le péché et une fausse spiritualité notamment dans l'homosexualité, l'adultère ou la prostitution, l'ivresse, ... ;
- Elle ôte la paix du cœur au travers la pression qu'elle exerce et surtout les épines qu'elle sème dans l'esprit du chrétien ;
- Elle s'accompagne ou s'entoure de ruse, d'habileté de séduire ou semer la confusion. En conséquence, elle n'est pas claire et de fois précise ;
- Elle fait pression et pousse vite à l'action, résolument une décision, le plus souvent erronée, une faute ou un péché source de malheur (**Ésaïe 30 : 1**). De nombreux actes que nous déplorons notamment les suicides, la chute en adultère de certains ministres, l'adultère ou la polygamie sur motif de vengeance, ... ont pour source cette pression ;
- Elle fait passer sa voix à celle du Saint-Esprit, faisant croire à une prophétie ou révélation. C'est la pratique notamment de la divination et de l'occultisme dans des églises locales.

II.1.6 Les sept manières du parler satanique

Pour parler au chrétien, l'ange de ténèbres capable de se déguiser en ange de lumière (**2 Corinthiens 1 : 14**) se sert de plusieurs voies parmi lesquelles sept sont partagées dans le cadre de ces enseignements :

- Les rêves ou songes ;
- Les ex-oints ;
- Les conseils des méchants ;
- La voix audible ;

- Les mauvaises pensées ;
- La conscience souillée ou non pure ;
- La souffrance.

1) Les rêves ou songes

A. Origines ou sources

Les rêves et songes ont quatre sources ou origines principales :

a) La personne elle-même

Les rêves ou songes en tant que phénomènes naturels proviennent de la personne elle-même et n'ont pas besoins d'être interprétés. Ce sont des rêves ou songes sans valeur réelle.

Ils sont le résultat notamment de quatre situations dans la vie du rêveur ou songeur :

- Les différentes activités de la journée (**Ecclésiaste 5 : 20**) ;
- Les désirs, besoins ou manque (**Ésaïe 29 : 8**) ;
- Le caractère : une personne peureuse, par exemple, développe des rêves des peurs surtout lorsqu'elle a des nouvelles de ce genre ;
- Les souvenirs : lorsqu'on pense à certains bons ou mauvais souvenirs (les joies ou peines) vécus dans la vie dans un lieu quelconque, on finit par les vivre dans le rêve ou songe (**Ésaïe 43 : 18**).

b) Dieu

Les rêves ou songes d'origine divine sont des messages qui :

- Annoncent ou prédisent l'avenir ;
- Donnent une direction de la vie ou du ministère ;
- Font office des conseils.

c) Une autre personne physique

De fois, pour confirmer son message dans la vie d'une personne, Dieu peut parler au travers une autre personne ou plusieurs par des rêves ou songes.

Dieu se sert de ses serviteurs pour ramener dans le droit chemin des brebis égarées ou en réponses à leurs prières sur une personne. Le cas du prophète Nathan et du roi David peut servir d'exemple (**2 Samuel 12 : 1-12**).

d) L'ennemi, le diable

Le diable vient en songe au travers l'esprit du rêveur, surtout au cas où il est faible d'esprit.

B. Les rêves ou songes sataniques

Dans les mystères des rêves ou songes (2017), nous avons relevé, de manière générale trois types des rêves sataniques :

- Les rêves d'imposition ;
- Les rêves d'initiation ;
- Les rêves d'échec.

a) **Les rêves d'imposition** (**1 Rois 3 : 19-21**)

Ce sont des ordres à la manière des militaires donné à un chrétien ou toute personne faible d'esprit c'est-à-dire sans volonté ni force morale ou spirituelle.
De ce qui précède, le rêveur se trouve devant une situation de fait, il est obligé de faire en esprit d'abord, puis en chair ce qu'on lui demande.

Nous pouvons citer par exemple :

- Manger une nourriture souillée, source de plusieurs maladies ;
- La pollution nocturne pour les hommes ;
- Mouiller le matelas pour une femme mariée ;
- Coucher avec son fils/sa fille, sa mère ou une personne inconnue.

b) Les rêves d'initiation à la sorcellerie

Ce sont des entrainements à la sorcellerie. Ils se manifestent notamment par :

- Le fait de dépiécer une poule, un coq ou une chèvre dans une fête, initiation à égorger les humains ;
- Le fait de toucher aux interdits comme le fait de prendre sa mère pour épouse ;
- Le fait d'être appelé par un inconnu et répondre à haute voix le jour ou même la nuit étant ou non en plein sommeil ;
- Etc.

c) Les rêves d'échec

La personne se voit échouer dans la course étant poursuivi par des militaires ou animaux dangereux comme le lion ou le serpent avec comme conséquences l'emprisonnement, la mort, … dans les heures qui suivent ou échouer de traverser une rivière moyennant un pont et finir par tomber dans l'eau.

2) Les ex-oints

A. Définition :

Les ex-oints sont des serviteurs de Dieu ayant connu la chute et rompu leur communion avec l'Éternel sans intention aucune de la rétablir notamment par honte, orgueil, contrat avec le diable, …

Il s'agit, en effet, des serviteurs de Dieu qui, sous l'effet de la convoitise, se laissent infiltrer par l'esprit de mensonge, à l'exemple de 400 prophètes sous la direction de Sédécias fils de KENAANA lesquels furent contredit par Michée en dépit de la consigne de leur messager (**2 Chroniques 18 : 1-27**).

B. Objectifs

Comparés à de l'ivraie ou la mauvaise semence (**Mathieu 13 : 24-28**), les ex-oints, des infiltrés dans le corps de Christ, sont des instruments au service du diable notamment pour :

- Véhiculer sa doctrine, celle des démons (**1 Timothée 4 : 1**) ;
- Anéantir ou éliminer de la scène évangélique les ministres actifs par la ruse, les poisons, la sorcellerie, l'adultère et d'autres méthodes ;
- Etc.

Dans **1 Rois 13 : 1-24**, le jeune prophète séduit par le vieux qu'il croyait plus expérimenté que lui, tombe dans la désobéissance et paie de sa vie après avoir accompli avec succès sa mission auprès du roi Jéroboam.

C. Instruments

De manière générale, les ex-oints se servent de plusieurs instruments pour fléchir les esprits des faibles et semer la haine et la division au sein des églises et familles. Nous citons entre autres :

- Les fausses prophéties (**Matthieu 7 : 15-16**) ;
- La divination : une science occulte, la contrepartie païenne de la prophétie, un essai de lire l'avenir et d'énoncer des oracles par une sorte d'inspiration démoniaque (**Actes 16 : 16**) ;
- La parole de Dieu falsifiée : des demi-vérités ;
- Les faux rêves ou songes ;
- Etc.

3) Les conseils des méchants

A. Définition

Un conseil est un avis, une réflexion sur ce qu'il convient de faire ;

Dans **Psaumes 1 : 1-3**, la Bible déclare : « Heureux l'homme qui ne marche pas selon le conseil des méchants, ... » Ceci revient à dire que celui qui marche d'après ce conseil est malheureux et ne réussira pas dans tout ce qu'il fait.

Et aux **Proverbes 13 : 20** de renchérir que : « celui qui fréquente les sages devient sage, mais celui qui se plait avec les insensés s'en trouve mal ».

B. Le besoin de discernement

L'ennemi, dans ses techniques, rapproche souvent après des chrétiens ou ministres de Dieu des mauvais ou faux conseillers pour leur perte. Il est, pour ce faire, utile à tout chrétien de discerner les bons des mauvais conseils pour ne pas perdre comme le roi ROBOAM dix tribus sur les douze héritées de son père, le roi Salomon (**1 Rois 12 : 1-11**).

Dans **2 Rois 22 : 1-4**, la Bible présente le roi Achazia, roi de Juda ayant régné à Jérusalem après avoir remplacé son père Achab. Son règne ne dura que deux ans étant donné qu'il marcha dans les voies de la maison d'Achab car sa mère lui donnait des conseils impies.

C. Jésus-Christ, le conseiller par excellence

Jésus-Christ est notre conseiller par excellence (**Ésaïe 9 : 5**), il est la parole de Dieu constituant « ***tout le conseil de Dieu*** » (**Actes 20 : 27**). Outre Jésus-Christ, le Chrétien a besoin pour sa croissance et son épanouissement dans divers secteurs des conseils émanant de son Berger, Coach ou Mentor et même ceux venant d'autres serviteurs étant donné que c'est le fer qui aiguise le fer (**Proverbes 27 : 17**).

Pour raisons de prudence, il est recommandé au chrétien d'opposer aux différents conseils des hommes la parole de Dieu et ne pas consulter les marabouts, satanistes et occultistes pour des conseils en cas de difficultés mais approcher également des hommes de Dieu.

4) La voix audible

Le diable parle également par voix audible comme c'était le cas, s'il faut le rappeler, au jardin d'Éden avec Ève (**Genèse 3 : 1-5**) ou au désert avec notre Seigneur Jésus-Christ (**Matthieu 4 : 1-11**).

En se servant de la voie audible, le plus souvent, Satan :

- Donne un ordre à exécuter sans faille;
- Lance un appel relatif notamment au péché, suicide, divorce, ... ;
- Use de la tromperie conduisant à la désobéissance à la parole ;
- Etc.

Il est demandé au chrétien d'avoir un esprit supérieur comme Daniel capable de réfuter cette voix nuisible de l'ennemi et surtout ne pas l'obéir (**Daniel 6 : 1-3**).

5) Les mauvaises pensées

Le diable s'exprime aussi par des pensées négatives injectées dans le cœur du chrétien pour assujettir. Dans **Matthieu 15 : 19**, Jésus-Christ nous présente le cœur de l'homme comme source de mauvaises pensées.

C'est pourquoi la Bible recommande à chacun de nous de garder son cœur plus que toute autre chose, car c'est de lui que viennent les sources de la vie (**Proverbes 4 : 23**).

Il faut en outre ajouter que c'est de l'abondance du cœur que la bouche parle (**Matthieu 12 : 34**). Ce qui fait dire que les paroles que nous prononçons constituent l'expression matérielle des pensées qui remplissent nos cœurs.

Les mauvaises pensées suscitent dans la vie du chrétien notamment :

- Le péché d'adultère, de meurtre, d'injustice, de vol, ... ;
- La vie de vengeance entraînant avec elle la haine et la sorcellerie ;
- La désobéissance à la parole de Dieu ;
- L'opposition aux serviteurs de Dieu ;

- Etc.

Eu égard à ce qui précède, le chrétien est appelé à nourrir ses pensées de la parole de Dieu en éjectant celles émanant du diable (**Philippiens 4 : 8**).

6) La conscience souillée ou non pure

A. Notions

D'après le nouveau dictionnaire Biblique (2002, p. 277), dans le nouveau testament, la conscience est un témoin intérieur qui rend témoignage au caractère juste ou injuste des motivations et actions d'une personne et qui, sur la base de ce témoignage, prononce un jugement de valeur sur la personne. Ce jugement peut produire, selon le cas, un sentiment de douleur ou de bien-être.

Selon Henry C. THIESSEN (2004, p. 184), le mot conscience vient du grec « ***suneidesis*** » qui signifie une connaissance qui nous accompagne, il peut se définir comme étant la connaissance de soi par rapport à une loi connue du bien et du mal.

Eu égard à ce qui précède, la conscience est un sentiment intérieur qui pousse à porter un jugement de ses propres actes, le sens du bien et du mal. C'est un témoin intérieur commun à tous les êtres humains, elle accuse ou excuse, approuve ou désapprouve.

a) Une des dispensations

Il sied de rappeler à ce stade que dans l'histoire de l'humanité, à la deuxième dispensation, celle de la conscience, Dieu responsabilisa l'homme à faire le bien et s'abstenir du mal.

b) Fonction

La conscience est douée de discrimination et d'impulsion, elle proclame que nos actes et nos états se conforment ou non à la règle, et elle déclare obligatoires ceux qui s'y conforment.

De ce qui précède, comme le souligne Henry C. THIESSEN (2004, p. 184), la fonction de la conscience est de rendre témoignage (**Romains 2 : 15**).

B. La conscience souillée

Une conscience est souillée ou mauvaise lorsque le chrétien abuse de sa liberté et tombe, dans le péché. Dans ce cas, elle détruit la foi dont elle est en étroite relation (**1 Timothée 4 : 19**).

La conscience souillée a besoin d'une purification laquelle ne peut être réalisée que par le sacrifice en Christ. La transformation d'une mauvaise conscience en une bonne est une conséquence nécessaire du salut (**1 Pierre 3 : 15-16**).

Somme toute, la conscience chrétienne se laisse former par la Parole de Dieu et la communion fraternelle.

7) La souffrance

Dans **Jean 10 : 10**, la Bible indique, la triple mission du diable, à savoir : « ***dérober, égorger et détruire*** ».

Pour y parvenir, il se sert notamment de la souffrance, l'un de ses instruments d'expression capable de toucher l'être entier du chrétien :

- **Le corps** : maladies, persécutions, captivité, … ;
- **L'âme** : la perte d'êtres aimés et chers, la déception, … ;
- **L'esprit** : la recherche du sens de la souffrance, de la vie et de la justice de Dieu.

De ce qui précède, les maladies, pertes, blocages, échecs imposés parlent d'eux-mêmes et amènent le chrétien non affermi d'abandonner

la foi et se tourner vers les marabouts, sorciers, satanistes, magiciens, occultistes et autres serviteurs du diable.
De ce fait, la souffrance constitue un filet tendu par l'ennemi comme celui de l'oiseleur (**Psaumes 31 : 5 ; 91 : 3**) poussant le chrétien à accuser Dieu et se séparer de lui, à l'instar de la femme de Job (**Job 2 : 9**).

Sans exclure le fait que la souffrance peut être le résultat d'une malédiction, pour l'Apôtre Paul, elle constitue « *une école de patience et de sanctification* » (**2 Corinthiens 4 : 8-11**) permettant au chrétien d'achever dans sa chair ce qui manque aux souffrances de Jésus-Christ (**Colossiens 1 : 24**).

II. 2. La voix de la chair

L'homme, d'après la Bible en **1 Thessaloniciens 5 : 23** comprend trois parties : le corps ou la chair, l'âme et l'esprit. Le corps ou la chair est la partie visible ou matérielle de ces trois, elle est ainsi considérée comme l'enveloppe de deux autres.

En effet, la chair parle, réclame, fait pression, déclare avoir faim, être fatiguée, avoir besoin du repos ou de toute autre chose notamment. Donc, elle a des besoins innombrables parmi lesquels certains sont contraires à ceux de l'esprit (les désirs charnels) conformément à **Romains 8 : 5-7**.

La recherche de la satisfaction des besoins de la chair non conformes à la Parole de Dieu est source du péché notamment l'ivresse, le vol, le mensonge, l'adultère, ...
Dans **1 Corinthiens 3 : 16**, la Bible déclare que notre corps est le temple de Dieu, il lui appartient et constitue une habitation du Saint-Esprit et non une caverne des voleurs.

Le chrétien ou ministre de Dieu doit avoir le pouvoir sur sa chair notamment sa langue, ses yeux, pieds, oreilles (**Job 27 : 4; 31 : 1**) en le conduisant et en exerçant sur elle une certaine maîtrise au travers la prière capable de taire les désirs charnels.

II. 3. La voix de l'imagination

Selon Frank REISDORF-REECE (2000, p. 255), l'imagination est la faculté de se représenter des objets par la pensée. D'après le Larousse Illustré (1993, p. 532), l'imagination est la faculté de se représenter par l'esprit des objets ou des faits irréels jamais perçus, de restituer à la mémoire des perceptions ou des expériences antérieures.

De fois, la voix de l'imagination arrive dans la vie des chrétiens pour :

- Lui rappeler sa vie pécheresse ou d'échecs passée et le condamner par culpabilité ou susciter le défaitisme ;
- Lui présente un faux bonheur ou bien-être en se comparant aux autres oubliant ainsi de nombreux sacrifices qu'ils ont eu à consentir ;
- Susciter des conflits ou soupçons inutiles entre conjoints, serviteurs ou membres d'une chorale ou toute autre structure notamment par l'interprétation de certains gestes et paroles des autres croyant qu'ils sont à dessein pour un but tendant à nuire ou humilier.

De la même manière que la fortune dans l'imagination est une haute muraille (**Proverbes 18 : 11**) oubliant que les richesses ont des ailes (**Proverbes 23 : 5**), de la même manière Israël, en pleine marche dans le désert vers la terre promise s'imagina les viandes d'Égypte et préféra l'esclavagisme (le retour en Égypte) à la délivrance au lieu de demander la nourriture à l'Éternel ou chercher des voies et moyens pour la trouver (**Exode 16 : 3**).

La voie de l'imagination (le monde de l'imaginaire) est fictive et n'engendre rien, ce qui est contraire à la foi qui amène à l'existence l'inexistant et permet de saisir les réalités invisibles en les transformant en des choses visibles (**Marc 11 : 24**). La foi est pratique et présente alors que l'imagination est du néant, de l'utopie.

Le Chrétien est appelé à exercer sa foi plutôt que se mettre à écouter la voix de son imagination. D'où toutefois que cette voix veut ou commence à parler, il y a lieu de la faire taire notamment par la prière, la louange ou la lecture et la méditation de la Parole de Dieu.

Chapitre Troisième : LES VINGT-DEUX MANIÈRES DU PARLER DE DIEU

Dans ce chapitre, le troisième de notre investigation, il est question d'abord de préliminaires notamment la définition, les initiatives ainsi que preuves du parler de Dieu, ensuite de 22 manières au travers lesquelles Dieu communique.

La question à laquelle nous tentons de répondre, dans les lignes qui suivent, est la suivante : « *de quelles manières ou comment Dieu parle-t-il?* ».

En effet, la maîtrise du langage de Dieu est l'une des dimensions élevées à atteindre par l'homme spirituel pour avoir la pensée de Jésus-Christ et ainsi développer le fruit de l'Esprit (**1 Corinthiens 2 :15-16; Galates 5 : 22**). Elle fait partie de la découverte des profondeurs de Dieu révélées par le Saint-Esprit (**1 Corinthiens 2 :10**).

III. 1. Parler à Dieu et Entendre Dieu parler

La vie du Chrétien ne change pas tellement quand il parle à Dieu, par contre, elle change radicalement lorsque Dieu lui parle.

En effet, parler à Dieu pour un chrétien revient à prier. La prière au nom de Jésus-Christ nous permet d'expérimenter la toute-puissance du Seigneur.

Pour WILLIAM MAC DONALD (2006, p.197), la prière incite Dieu à accomplir des choses qu'il ne fait pas si nous ne prions pas, comme l'indique clairement ces versets de Jacques : « *vous ne possédez pas, parce que vous ne demandez pas* » (**Jacques 4 : 2**) ; « *la prière agissante du juste a une grande efficacité* » (**Jacques 5 :16**).

La prière a séparé les eaux de la mer, arrêté le cours des fleuves, transformé des rocs de granit en fontaines jaillissantes, éteint des flammes, rendu inoffensifs des vipères et poisons, stoppé net le soleil dans son mouvement, ouvert des portes en fer, etc.

Dans toute la prière, il y a un mouvement à deux sens : l'homme parle à Dieu et celui-ci parle ou répond à l'homme. Si Dieu entend l'homme lui parler au travers la prière, il revient à ce dernier d'entendre Dieu lui parler par la même voie pour que les choses changent.

De ce qui précède, entendre Dieu parler permet au chrétien notamment de (d') :

- Découvrir des choses cachées qu'il ne connaît pas ;
- Avoir de précisions sur la délivrance ;
- Réduire la longue période incertaine d'attente de la réponse divine ;
- Recevoir des indications précises pour son succès dans un domaine ;
- Avoir de l'avance sur les actions de l'ennemi.

Dans **Exode 3 : 7-10** par exemple, l'Éternel dit « *j'ai vu la souffrance de mon peuple qui est en Égypte, et J'ai entendu les cris que lui font pousser ses oppresseurs, car Je connais ses douleurs …* »
Israël a parlé à Dieu dans ses prières des années sans que son esclavagisme n'arrive à terme, par contre dès que Dieu a parlé à Moïse, celui-ci a pris fin et le retour en terre promise organisé.

Il y a lieu de rappeler à ce stade que certaines prières se butent à des obstacles et restent vaines ou sans solutions. Parmi ces obstacles, nous citons notamment :

- Des péchés non confessés (**Ésaïe 59 : 1-2**) ;
- Des mauvaises relations entre mariées (**1 Pierre 3 : 1-7**) ;
- Des torts non réparés ;
- Des dettes non payées ;
- Le refus de pardonner (**Matthieu 6 : 15**) ;
- La rébellion, la désobéissance (**1 Samuel 15 : 22-23**) ;
- Etc.

En définitive, il revient au chrétien non seulement d'apprendre à parler à Dieu mais également d'apprendre l'art d'entendre Dieu parler, l'une des clés les plus fondamentales car on ne peut pas obéir, agir ou décréter une attaque ou offensive contre le diable sans avoir entendu Dieu parler ou être prévenu d'avance par lui.

III. 2. PRELIMINAIRES

III. 2. 1. Notions du parler

III. 2. 1. 1. Définition :

Selon FRANK REISDORF-REECE (2000, p. 370) parler signifie articuler des mots, exprimer sa pensée par la parole. D'après le Larousse illustré (1993, p. 749), parler signifie articuler des paroles, manifester ou exprimer sa pensée par la parole ou autrement.

Eu égard à ce qui précède, parler signifie exprimer ou communiquer sa pensée par la parole ou d'autres moyens.

III. 2. 1. 2. Quelques 10 moyens humains d'exprimer la pensée outre la parole

L'homme exprime sa pensée, outre la parole, au travers plusieurs moyens parmi lesquels nous en relevons dix, à savoir :

- Les gestes ;
- Le silence ;
- L'écriture (les livres, lettres, ...) ;
- La danse ;
- La tenue ;
- Les signaux routiers ou ferroviaires ;
- Les clignotants des engins ;
- Les monuments historiques ;
- La nature ;
- Les tableaux des peintres ;
- Etc.

Comme vous le remarquez, il existe une pluralité des voies permettant à l'homme de communiquer sa pensée. S'il en est ainsi de l'homme, que dire de Dieu le créateur de toutes choses? Il a en face de lui plusieurs voies et moyens dont il se sert pour communiquer avec son peuple en général et, en particulier, l'homme spirituel.

Ceci confirme ce que déclare la Bible dans **Job 33 : 14** : « *Dieu parle cependant, tantôt d'une manière, tantôt d'une autre, et **l'on n'y prend point garde*** ». L'essentiel est que l'homme spirituel sorte de l'ignorance et de la distraction pour capter le message de Dieu même là où l'on s'attend le moins.

III. 2. 2. Les Initiatives

De manière générale, Dieu parle ou communique soit :

- De sa propre initiative notamment pour démontrer sa puissance, avertir ou reprendre un peuple, une famille, une église, une nation, ... ;
- Sous initiative de l'un de ses fils en réponse à une requête, aux inquiétudes et soucis exprimés par celui-ci dans ses prières ;
- Sous initiative d'un serviteur de Dieu, d'une structure spirituelle ou d'une église en consultation divine, à la recherche d'une lumière ou orientation dans un secteur, lors de l'exercice d'un service spirituel notamment la délivrance, le dialogue pastoral, ... ;
- Etc.

III. 2. 3. Les Six preuves

Le langage de Dieu se distingue des autres vus précédemment (chapitre deuxième) au travers plusieurs preuves parmi lesquelles six sont principales. Il s'agit de (des) :

- La répétition ;
- Les Signes ;
- La conformité à la parole ;
- La paix ;
- La liberté de choix ;
- La clarté et la précision.

III. 2. 3. 1. La répétition

Le langage ou la communication de Dieu a tendance à se répéter au moins deux fois et, cela de :

- La même manière ;
- Deux ou trois manières différentes exprimant le même message dans le souci de se faire comprendre par son interlocuteur.

Dans **Genèse 41 : 32**, devant le Pharaon, Joseph déclare que : « *comme le songe s'est répété une seconde fois, c'est que la chose est arrêtée de la part de Dieu* », autrement dit, Dieu a parlé. Dans ce cas, Dieu a parlé de deux manières différentes mais pour un même message :

- Sept vaches grasses englouties par sept vaches laides ;
- Sept épis pleins et beaux engloutis par sept autres maigres, vides et brûlés par le vent d'orient.

Dans **1 Samuel 3 : 4-8**, c'est seulement à la troisième fois d'appel de Samuel que le Prophète de Dieu Eli comprit que l'Éternel appelait l'enfant lequel ne maîtrisait pas le langage de Dieu qu'il confondait à celui d'Eli. Dans ce cas, Dieu appela Samuel de la même manière trois fois de suite.

III. 2. 3. 2. Les Signes

A. Les trois rôles :

L'Éternel fait souvent accompagner son parler sous sa propre initiative ou celle de son interlocuteur par des signes dans le but notamment de :

- Confirmer sa parole et ainsi donner l'authenticité à celle-ci.Dans ce cas, le signe est le sceau d'authenticité ;
- Convaincre l'interlocuteur en ôtant le doute dans sa vie et toute possibilité de confusion ;
- Faire éviter toute erreur ou discussion dans la vie de son peuple.

B. Exemples

1°) Dans **Exode 4 : 1-9** en réponse à Moïse qui se déclarait incapable de convaincre Israël que Dieu lui est apparu et qu'il lui a parlé de sa délivrance, l'Éternel, sous sa propre initiative, confia à celui-ci trois signes :

- La verge transformée en serpent ;
- La main couverte de lèpre une fois mise sur le sein ;
- L'eau du fleuve transformée en sang une fois répandue sur terre.

Finalement Dieu dit : « *s'ils ne croient pas au premier signe, ils croiront au deuxième voire même au troisième* »;

2°) Dans **Juges 6 : 17-23**, Gédéon, que nous surnommons « *le Demandeur des signes* », pour se rassurer que c'est l'Éternel qui lui confiait la mission de délivrer Israël de la main de Madian après sept années de dure servitude caractérisée par des pillages des ressources, demanda un signe : « *donne-moi un signe pour montrer que c'est toi qui me parles* ». Le feu s'éleva du rocher sur lequel il avait posé son offrande sans qu'il ne soit allumé.

Comme si cela ne suffisait pas, avant de s'engager dans la bataille, il demande encore deux signes supplémentaires pour se rassurer de sa victoire (**Juges 6 : 36-40**) :

- La toison, poil ou lainage des moutons (FRANK REISDORF-REECE, 2000, p. 506), couverte seule de rosée et le terrain sec ;
- Le terrain couvert de rosée et la toison sèche.

3°) Dans **Luc 2 : 10-12**, en annonçant la bonne nouvelle de la naissance de Jésus-Christ aux bergers qi passaient nuit dans les champs pour garder leurs troupeaux, l'ange leur donne un signe pour le reconnaître : « *un enfant emmailloté et couché dans une mangeoire des bêtes ou crèche* ».

4°) Dans **Matthieu 21 : 1-3**, Jésus-Christ notre Seigneur et Sauveur, avant d'entrer triomphalement à Jérusalem, envoie deux de ses disciples détacher une ânesse attachée et un ânon avec elle. Le signe qu'il donne à ses disciples était celui d'attachement de l'ânesse de même que la présence de l'ânon.

Prière : *Seigneur Jésus-Christ accepte d'accompagner, dans mon ministère, mes affaires, mes études, ... ta parole toujours par des signes visibles au nom de Jésus-Christ ! Amen.*

III. 2. 3. 3. La conformité à la Parole de Dieu

La communication divine, quelle qu'elle soit s'appuie toujours sur la Parole de Dieu et/ou la confirme. En conséquence, elle est en désaccord avec les demi-vérités dont la source est satanique.

De ce qui précède, le langage de Dieu s'accorde toujours avec la Bible, parole inspirée et infaillible de Dieu. Dans **Matthieu 1 : 18-23**, par exemple, l'ange porteur du message de Dieu à Joseph, parle de la naissance miraculeuse de Jésus-Christ, en rappelant la prophétie d'Ésaïe (**Ésaïe 7 : 14**), prononcée plusieurs années pour ne pas dire siècles avant : « *voici, la vierge deviendra enceinte, elle enfantera un fils, et elle lui donnera le nom d'Emmanuel* ».

Dans **Josué 1 : 3-5**, l'Éternel parle à Josué, le nouveau leader, successeur de Moïse en rappelant et confirmant ses paroles, notamment celles contenues dans **Deutéronome 11 : 24-25** :

- *Tout lieu que foulera la plante de votre pied, je vous le donne comme je l'ai dit à Moïse ;*
- *Vous aurez pour territoire depuis le désert et le Liban, jusqu'au grand fleuve, le fleuve de l'Euphrate, tout le pays de Héthiens et jusqu'à la grande mer vers le soleil couchant ;*
- *Nul ne tiendra devant toi, tant que tu vivras, ...*

III. 2. 3. 4. La liberté de choix

Contrairement au diable, un dictateur sans amour, qui s'impose et détruit la vie de ses serviteurs, des prisonniers à vie et même après la mort, l'Éternel laisse le libre choix à son peuple toutefois qu'il s'adresse à lui.

Dans **Deutéronome 30 : 15**, Dieu dit : « *vois, je mets aujourd'hui devant toi la vie et le bien, la mort et le mal* ». Ainsi, l'homme est devant un choix libre et, tirer, par après, les conséquences de celui-ci.
Dans **Apocalypse 3 : 20**, Jésus-Christ déclare être la porte. Celui qui entendra sa voix et ouvrira la porte, lui permettra d'entrer chez lui et souper avec lui. Comme vous le remarquez, il ne force pas mais sollicite la coopération.

Il sied de rappeler à ce stade que le choix et la décision doivent être gérés avec tact par tout homme spirituel vu les conséquences fâcheuses qu'ils entrainent.

III. 2. 3. 5. La Paix du cœur

Notre Dieu est le Dieu de paix. Dans son langage ou sa communication, il s'ensuit toujours une paix de cœur dans le chef de son interlocuteur contrairement au diable qui le menace de mort, de folie, ... bref, force sa volonté.

Dans **Job 22 : 21**, il est dit : « *attache-toi donc à Dieu, et tu auras la paix ; tu jouiras ainsi du bonheur* »
En tant que Prince de la paix (**Ésaïe 9 : 5**), Jésus-Christ donne sa paix et laisse la paix à son peuple, et cela, pas comme le monde donne (**Jean 14 : 27**) ;

III. 2. 3. 6. La clarté et la précision

Quand Dieu parle, son message est clair et précis, exempt de toute confusion.

III. 2. 4. Les Six Obstacles

Plusieurs obstacles empêchent Dieu de parler à son fils et ainsi se taire ou l'homme à ne pas entendre de manière distincte la voix de l'Éternel. Parmi ceux-ci, nous relevons six. Il s'agit de (d') :

- La peur ;
- L'ignorance ;
- L'orgueil ;
- La distraction ;
- Le péché ;
- La désobéissance.

III. 2. 4. 1 La Peur

Outre le fait qu'elle soit un ennemi de la foi, la peur que développe le chrétien amène Dieu à communiquer avec lui non plus de vive voix mais autrement.

Dans **Exode 20 : 18-20**, Israël au vu de la montagne fumante, des coups de tonnerre et flammes, déclare à Moïse : « ... *Que Dieu ne nous parle point de peur que nous ne mourrions* ». Il choisit, pour ce faire, le mode indirect à cause de la peur. L'une des conséquences de ce mode est que le message reste général, certains détails, de fois importants, oubliés ou ignorés par l'instrument.

III. 2. 4. 2 L'Orgueil

Il est difficile que Dieu parle à un orgueilleux étant donné qu'il « *résiste aux orgueilleux mais fait grâce aux humbles* » (**Jacques 4 : 6**).

Dans **Nombres 22 : 12-34**, Dieu dit à Balaam de ne point partir avec les émissaires du roi Balak, les princes de Moab venus le chercher pour qu'il aille maudire Israël. À la vue des chefs en plus grand nombre et plus considérés que les précédents, il se permit dans son orgueil teinté de convoitise, à cause des présents, d'interroger Dieu sur cette affaire pour la seconde fois comme pour l'influencer à changer d'avis.

Cette démarche dangereuse l'amena à se retrouver en face de l'ange envoyé pour lui résister, heureusement qu'il a reconnu son péché. Dieu a plus besoin de l'obéissance et l'humilité dans chacun de ses fils et, cela, même si son ambition est contraire à l'orientation donnée.

III. 2. 4. 3 L'ignorance

Comme nous l'avons dit précédemment, l'ignorance retarde la communication divine. Samuel ignorant, n'a pas eu à communiquer avec l'Éternel jusqu'à ce que le prophète Eli lui donne le code d'accès.

III. 2. 4. 4 La Distraction

La distraction ou l'inattention empêche Dieu à faire parvenir son message chrétien.

III. 2. 4. 5 Le Péché

Le péché constitue une barrière empêchant Dieu de venir vers nous et à nous d'aller vers lui.

III. 2. 4. 6 La Désobéissance

Dans **1 Rois 13 : 20,** le jeune prophète désobéissant a coupé de lui-même la communication avec l'Éternel lequel s'est servi du vieux prophète, un ex-oint, et mourut peu après.

La désobéissance constitue une rébellion à éviter dans la marche chrétienne surtout celle où l'on vise la maturité.

III. 3. Les Vingt-deux manières du parler de Dieu

Les différentes manières au travers lesquelles Dieu parle permettent notamment une certaine connaissance à son égard et approfondissent notre relation avec lui.

<u>Importance</u>

Le parler de Dieu dans ses différentes manières permet de révéler la volonté parfaite de Dieu. Il s'agit d'un ensemble d'expériences spirituelles, propres aux adultes spirituels surtout, quotidiennes si pas permanentes dans la vie de chaque chrétien qu'il convient de découvrir et d'expérimenter.

III. 3. 1. La Nature

L'immense pouvoir de Dieu serait passé totalement inaperçu s'il n'avait rien crée par sa parole, c'est-à-dire des déclarations concrètes (**Genèse 1**). En effet, les fleuves qui coulent sans arrêt, les montages qui vomissent du feu, les arbres et les oiseaux de toutes sortes sont des preuves suffisantes d'un Dieu créateur.

Dans **Psaumes 19 : 2-7**, David parle de la création comme moyen de la révélation de Dieu. Il utilise, pour ce faire, des verbes qui évoquent une action continue, indiquant comme le souligne CHARLES C. RYRIE (2005, p.31) que les cieux, l'étendue, le jour et la nuit célèbrent continuellement la gloire de Dieu.

Dans **Job 38 : 19-20**, l'Éternel interroge Job sur :

- Le chemin qui conduit au séjour de la lumière ;
- La demeure des ténèbres ;
- Leurs limite et habitation.

Eu égard à ce qui précède, le monde qui nous environne déclare avec suffisance l'existence et la grandeur de Dieu.

A. Caractéristique

Le parler de Dieu au travers la nature a pour caractéristique notamment :

- **La clarté** : c'est-à-dire une visibilité indiscutable. Le soleil est soleil par exemple ;

- **L'universalité** : c'est une révélation qui s'étend partout et à tout un chacun de nous ;
- **Le renseignement ou l'information** sur la gloire de Dieu de même que sa grandeur et sa bonté.

Dans **Romains 1 : 18-20**, l'apôtre qualifie les éléments de la nature comme « *les ouvrages de Dieu* », c'est-à-dire en observant l'univers, l'humanité entière devrait savoir qu'un être suprême existe. Malheureusement, elle a préféré nier cette vérité en se fabriquant des idoles qu'elle peut dominer. Ceci justifie la colère divine.

B. Les Deux éléments de la nature

Pour parler grâce à la nature, Dieu se sert de deux éléments principaux, à savoir :

- La création ;
- Les phénomènes naturels.

a) La création

L'ordre qu'on observe dans le monde, le jour qui laisse place à la nuit par exemple, présente le Dieu créateur et intelligent. En outre, la présence de l'homme, son intelligence et ses capacités, parle même au plus incrédule.

b) Les phénomènes naturels

Dieu parle également à l'humanité au travers certains phénomènes naturels parmi lesquels nous citons :

- La pluie ;
- Les différentes saisons ;
- Le vent ;
- La glace ;
- Les inondations ;
- Etc.

C. Entendre parler au travers la nature

a) Les Trois techniques

Dans **1 Corinthiens 11 : 14**, l'apôtre Paul nous pose la question si « *la nature ne nous enseigne pas* ». De ce qui précède, la nature parle, communique et enseigne. Il revient à l'homme spirituel d'en tirer les enseignements le concernant.

Dans notre petite expérience, pour entendre Dieu parler moyennant la nature, l'homme se sert principalement de trois techniques :

1°) L'Observation

Selon le Larousse illustré (1993, p.709), l'observation est l'action de regarder avec attention les êtres, les choses, les événements, les phénomènes pour les étudier, les surveiller, en tirer des conclusions.

Dans **Luc 12 : 54-56**, Jésus-Christ déclare à la foule venue l'écouter de bénéfices de la technique d'observation de la nature, notamment le discernement du temps et de l'aspect de la terre et du ciel.

Dans **Jérémie 1 : 11**, Dieu posa la question au prophète : « *Que vois-tu, Jérémie?* » et au verset 13 la même question lui est posée pour la seconde fois. Ceci signifie à partir de ce qu'on voit ou observe, on peut tirer un message divin.

Dans **Ecclésiaste 11 : 4**, il dit « *celui qui observe le vent ne sèmera point et celui qui regarde les nuages ne moissonnera point* ». De fois, en observant la nature, principalement le vent et les nuages, on risque ne rien faire par peur de mauvais temps, la pluie notamment.

Dans **Proverbes 6 : 6-11**, la Bible nous renvoie à « *l'école de lafourmi* » demandant au chrétien de prendre exemple pour sortir de la pauvreté en luttant contre la paresse.

Ce qui est dommage est que le paresseux attend l'ordre d'un chef pour travailler, il ne prend pas des initiatives, n'anticipe pas et n'est pas prévoyant contrairement à la fourmi, bien que n'ayant ni chef, ni inspecteur, ni maître, elle :

- Travaille constamment ;
- S'autodiscipline ;
- Constitue de la provision pour mieux gérer les temps difficiles ;

- Etc.

De ce qui précède, une observation soutenue de la nature permet au chrétien ou à l'homme spirituel de recevoir un message de Dieu relatif notamment à :

- L'ordre des choses ;
- L'intelligence esthétique (la beauté de la nature) ;
- La puissance de Dieu ;
- L'amour de Dieu envers les humains ;
- Etc.

2°) La Parole de Dieu

Elle nous éclaire aussi bien sur la création que les phénomènes naturels de même que des messages qu'ils véhiculent.

3°) La révélation

Elle arrive souvent sous l'inspiration du Saint-Esprit.

b) Exemples

1°) la pluie :

Entant que phénomène naturel, la pluie est le symbole de :

- Bénédictions divines (**Lévitique 26 : 3-4; Zacharie 14 : 7**) ;
- L'abondance ;
- La fin de la saison sèche ou le début de celle pluvieuse ;
- Le pouvoir germinatif (**Ésaïe 55 : 10**) ;
- Le châtiment de l'Éternel (**Genèse 7 ; Exode 7 : 22-25, 34**) ;
- Etc.

Le chrétien recherchera le langage de Dieu dans la pluie par rapport à sa vie, au service spirituel qu'il exerce (une retraite, une évangélisation, une repentance ou délivrance, ...), à la requête du milieu, ... L'Éternel peut, par exemple, ne pas approuver le départ d'une mission d'évangélisation d'une ville, cité, localité à une autre par la pluie pour la suite des travaux spirituels en faveur du milieu ou de ses habitants. De la même manière, il peut faire pleuvoir pour bénir une famille ou une cité à la fin d'une retraite par exemple.

2°) Le vent impétueux

Dans **Jonas 1 : 1-12**, le vent impétueux est l'expression de la désapprobation de Dieu à la décision du prophète Jonas de se rendre à Tarsis au lieu et place de Ninive, la capitale de l'empire Assyrien, afin d'accomplir la mission lui confiée. Ayant compris le message véhiculé par le vent, il résolut qu'on le jette dans la mer pour le salut du navire et des personnes à bord étant donné qu'il était la source de cette grande tempête.

Bien que prise tardivement et ce, après d'énormes pertes matérielles de la cargaison, cette résolution de Jonas finit par apaiser la fureur de la mer.

c) Attention

Tout phénomène naturel n'a pas nécessairement un message de Dieu. Le chrétien doit user de la prudence et du discernement pour ce faire.

III. 3. 2. La Conscience

A. Notions

L'homme a plusieurs facultés qui le rendent apte à agir pour le bien ou pour le mal.

Pour Henry C. Thiessen (2004, p. 183), ces facultés sont l'intellect, la sensibilité et la volonté, de même que cette faculté particulière de discrimination et d'impulsion, que nous appelons **la conscience**.

L'intellect permet à l'homme de faire une distinction entre ce qui est bien et ce qui est mal, la sensibilité le pousse à faire l'un ou l'autre, et la volonté prend finalement la décision. Mais en rapport avec ces facultés, il y en a une autre qui les implique toutes et sans laquelle il ne peut y avoir d'action morale. Il s'agit de **la conscience**.

B. La norme

La seule vraie norme pour la conscience du chrétien est la parole de Dieu interprétée par le Saint-Esprit (**Romains 9 : 1**).
En effet, la Parole de Dieu, la loi et les normes sociales sont imprimées dans la conscience en général de tout humain et, en particulier de l'homme spirituel, dès sa naissance de même durant sa croissance.

C. La conscience pure

Contrairement au païen, à l'homme animal ou, de fois, charnel ayant une conscience faible et souillée (**1 Corinthiens 8 : 7**), l'homme spirituel a, par contre, une bonne conscience, une conscience pure permettant de conserver la foi (**1 Timothée 3 : 9**).

De ce qui précède, toutefois qu'il veut agir ou prendre une décision, l'homme spirituel se voit confronter à sa conscience pure, la bonne conscience qui l'autorise ou l'interdise et, cela, souvent moyennant une petite voix rappelant, les prescrits de la Parole de Dieu en la matière.

D. Dieu parle à la conscience

a) Les quatre manières

De manière générale, Dieu parle à la conscience du chrétien de quatre manières différentes pour :

- L'interdire à faire le mal sous peine de payer le prix aussi bien sur les plans spirituel, moral, financier que matériel ;
- L'encourager à faire le bien et, ainsi, braver l'opposition et l'hésitation afin d'en tirer le gain ;
- L'informer ou l'avertir sur un quelconque sujet ou événement lors notamment d'une visite, d'un entretien ou de l'exercice de son ministère ;
- Lui rappeler un rendez-vous, un souvenir, une action de grâce, un programme de prière, une promesse faite, …

b) Les deux voix

En pratique, le chrétien ou l'homme spirituel fait face à deux types de voix dans sa conscience surtout lorsqu'il veut agir ou prendre une quelconque décision :

- Une petite voix, celle de Dieu, rappelant la Parole de Dieu et, cela, sans trop d'insistance au vu du caractère de la liberté évoqué précédemment ;
- Une autre, celle du diable qui fait pression pour une action immédiate relative notamment à la réplique, la vengeance, ... contraire à la volonté de Dieu.

Ainsi, il revient au chrétien de s'opposer à la voix du diable en dépit de son insistance car elle pousse au mal et engendre des conséquences fâcheuses dans la vie du chrétien.

c) Trois manifestations extérieures de la conscience

La conscience est la réflexion de Dieu dans l'âme de l'homme spirituel. Henry C. THESSEN (2003, pp. 11-12) la compare à un miroir ou à la surface d'un lac et déclare : « *tout comme un miroir et la surface d'un lac reflètent le soleil et révèlent non seulement son existence mais aussi, jusqu'à un certain point, sa nature, de même la conscience dans l'homme révèle à la fois l'existence de Dieu jusqu'à un certain point, sa nature.* »

Une fois que Dieu touche à l'âme au travers la conscience moyennant ses paroles, il se fait remarquer 3 manifestations extérieures dans le comportement du chrétien. Il s'agit de (du ou d') :

- Silence ;
- Larmes chaudes qui coulent sur ses joues sans fouets ;
- Une chaleur accompagnée, de fois, d'un tremblement du corps.

III. 3. 3. Les songes ou rêves

Dans **Job 33 : 14-15**, les songes ou rêves viennent en première position dans les manières du parler de Dieu.

A. Définition

D'après le nouveau dictionnaire biblique (2002, p. 1226) les songes ou rêves sont des idées qui se présentent durant le sommeil.
Selon JOSIANNE S. JOHNSON (2019, p. 46), le songe qui est aussi appelé rêve dans le langage courant, est une expérience qui se déroule pendant notre sommeil. Puisque le plus souvent, nous dormons pendant la nuit, nous aurons théoriquement plus de chance de les faire pendant la nuit que pendant le jour.

De ce qui précède, les rêves ou songes sont des phénomènes à double nature : ils sont à la fois naturels et surnaturels. Sous leur aspect surnaturel, ils constituent des mystères porteurs des messages de bénédiction, d'avenir, de combat ou d'avertissement.

B. Les éléments du monde des rêves ou songes divins

En parlant au travers les rêves ou songes, Dieu se sert de plusieurs éléments notamment :

- Les arbres (le figuier par exemple symbolise Israël) ;
- Les images ;
- Les symboles (un groupe électrogène éteint peut symboliser une vie de prière en arrêt) ;
- Les nombres ou chiffres ;
- Les animaux (le caractère de l'animal peut de fois révéler la personne) ;
- Les couleurs ;
- Les signes ;
- Les voix ;
- Etc.

C. Les sources ou origines

Nous rappelons que les rêves ou songes ont 4 sources :

- La personne elle-même : on parle, dans ce cas, des rêves naturels ;
- L'Éternel : ce sont les rêves divins ;

- Le diable ou l'ennemi : ce sont des rêves ou songes démoniaques relatifs à l'oppression, l'initiation à la sorcellerie ou l'occultisme, au mensonge (faire croire à des choses fausses), … ;
- Une autre personne : un serviteur de Dieu, un ami, un voisin, …

D. Les caractéristiques des rêves divins

- **L'universalité** : au travers les rêves ou songes, Dieu parle aussi bien à des non croyants qu'à des croyants. Dans **Genèse 20 : 3**, il parle au roi Abimélec, roi de Guerar alors que dans **Genèse 31 : 4**, il parle à Jacob et dans **Matthieu 2 : 13**, il parle à Joseph pour la sécurité de Jésus-Christ ;
- **L'actualité** : les rêves ou songes divins n'appartiennent pas seulement à l'ancienne alliance mais également à la nouvelle. C'est une question d'actualité ;
- **Des messages codés ou non** : certains rêves ou songes divins nécessitent l'interprétation et d'autres pas nécessairement. Il sied de rappeler que dans certaines cours royales comme celles d'Égypte et de Babylone (**Genèse 41 : 8 ; Daniel 2 : 1-4**), il y avait des serviteurs spécialisés dans l'interprétation des rêves ou songes lesquels se servaient notamment des manuels relatifs à ce domaine et de la magie ou de l'occultisme pour avoir les clés ou codes d'accès. Dans plusieurs cas ces professionnels ont démontré leurs limites.

E. Dieu parle par des rêves ou songes

a) Caractère :

Les rêves ou songes d'origine divine ont, dans leur ensemble, un caractère :

- **Répétitif** : ils reviennent au moins deux fois et cela de la même manière ou pas (**Genèse 41 : 32**) ;
- **Explicatif** : ce sont des messages ;
- **De s'accorder aux saintes écritures** : la conformité à la Parole de Dieu ;

b) **Fréquence**

Notre expérience personnelle nous renseigne que Dieu parle au chrétien au minimum 2 fois par semaine au travers les rêves et cela, de la propre initiative ou en réponse aux prières qui lui sont adressées par celui-ci.

c) **Les sortes des rêves ou songes divins**

Par rapport aux types de messages qu'ils véhiculent, les rêves ou songes divins peuvent se répartir en6Sortes. On distingue :

1°) les rêves d'avertissement

- **Buts :** ces rêves ou songes ont notamment pour but de :
- Protéger la personne d'un danger imminent qui le guette du fait soit d'un choix qu'il veut opérer ou d'une décision qu'il veut prendre ;
- Prévenir la personne des conséquences des actes qu'il veut poser.
- **Exemples** :
- Dans **Matthieu 2 : 12**, les mages sont divinement avertis dans le songe de ne pas retourner vers Hérode pour protéger Jésus-Christ ;
- Dans **Genèse 20 : 3**, Dieu prévient Abimélec de sa mort imminente à cause de SARA, femme d'Abraham au cas où il s'approcherait d'elle.
- **Quelques signes :** les rêves ou songes d'avertissement se font accompagner de certains signes lorsqu'on quitte le songe ou on le fait arrêter. Il s'agit de :
- Se réveiller en sursautant ou criant ;
- Sentir les effets du rêve ou songe dans son corps (avoir des griffures, un blessure, perdre sa chevelure, ...) ;
- Transpirer ou avoir un sentiment de peur ;
- Etc.

- **Deux attitudes** : dans le cas de rêves ou songes d'avertissements, deux attitudes sont à adopter par la personne visitée, à savoir :
- **La prière** : pour annuler les effets négatifs du songe notamment de l'accident, la mort, du divorce, ... ;
- **Le renoncement** : au choix, à la décision, au contrat, au programme pour lequel on voulait s'engager.

2°) les rêves ou songes d'orientation

- **Buts** : ces rêves arrivent le plus souvent en période de questionnement ou difficile de la vie. Ils ont pour but notamment :
- Communiquer des directives à suivre dans le domaine quelconque de la vie;
- De faire parvenir des instructions particulières.
- **Attentions** : il faut, dans ce cas, faire très attention à la terminaison ou la finition du rêve ou songe. Comment s'est-il terminé? Par quelle instruction?
- **Attitude** : la pratique des directives ou instructions communiquées même si elles sont contre votre volonté est l'attitude à adopter en cas de cette sorte de rêve ou songe.
- **Exemple** : dans **Matthieu 2 : 13-14**, Joseph reçoit l'instruction de se retirer en Égypte pour protéger Jésus-Christ. Sans se poser des questions, il se réveille et se retire en Égypte.

3°) les rêves ou songes d'encouragement

- **Buts** : les rêves ou songes d'encouragement sont ceux qui ont pour but notamment :
- Le réconfort de la personne fatiguée, déçue ;
- Le dépassement des limites financières, familiales, etc.
- **Exemple** : Dans **Juges 7 : 13-14**, Dieu encourage Gédéon à ne plus attendre car Madian a été livré par l'Éternel entre ses mains.

- **Attitudes** :
  - S'engager dans un projet, programme sans rien attendre ;
  - Tenir compte de Dieu et non de ses limites quelles qu'elles soient.

4°) Les rêves ou songes d'approbation

Ce sont généralement des rêves d'autorisation, d'acceptation. Dans **Genèse 31 : 11-13**, alors que Jacob voulait quitter Laban après son exploitation cruelle, il reçut au travers un songe l'autorisation de l'Éternel de retourner au pays de sa naissance. C'est ce qu'il a fait sans attendre.

5°) Les rêves ou songes prophétiques

Les rêves ou songes prophétiques sont ceux qui indiquent avec précision ce qui va arriver dans le temps dans la vie de la personne.

De ce qui précède, ces rêves sont le futur dans le présent. Ils parlent ou annoncent l'avenir.

Dans **Genèse 37 : 5-10**, dans ses songes Joseph reçoit la prophétie de sa grandeur, de son élévation. Dans **Genèse 40 : 6-19**, Joseph annonce dans l'explication des songes de deux serviteurs de pharaon, ce qui leur arrivera dans 3 jours : l'un devra mourir et l'autre récupérer son poste. Ceci arriva conformément au songe prophétique.

L'attitude à adopter dans ce cas est, le plus souvent, celle de :

- Garder le souvenir de ces rêves ou songes comme l'avait fait Jacob (**Genèse 37 : 11**);
- Prier pour que cela arrive le plutôt.

6°) Les songes ou rêves de révélation

Ils consistent à la découverte des choses cachées, des secrets ou mystères, des inventions, ...

Dans **Jérémie 33 : 3**, Dieu déclare : « *Invoque moi, et je te répondrai ; je t'annoncerai de grandes choses, des choses cachées, que tu ne connais pas* ».

Ces mystères concernent aussi bien le passé familial, les cœurs des voisins ou collaborateurs que les racines de la souffrance ou du combat.

d) L'interprétation des songes ou rêves divins

1°) Principe :

« *Si le spirituel n'est pas saisi, le matériel nous échappe (**Hébreux 11 :3**)* »

Il ne suffit pas d'avoir un rêve ou songe, encore faut-il le décoder ou le déchiffrer à la lumière des Saintes écritures ou d'après la révélation du Saint-Esprit.

2°) Les cinq préalables d'interprétation :

Toute bonne interprétation de ses propres songes ou rêves et même ceux des autres constitue un exercice délicat qui requiert au moins 5 préalables qui sont :

- **La connaissance** : La maîtrise du domaine ;
- **Le discernement** : Il permet de faire le distinguo entre le naturel et le surnaturel et porte sur l'origine ou la source du rêve ou songe. Nous rappelons que seul le surnaturel nécessite de l'interprétation ;
- **La prudence** : Pour éviter les généralisations du type tout chien symbolise l'esprit d'adultère ou de prostitution alors qu'il peut également indiquer le serviteur d'un maître et toute personne nue est sorcière alors qu'elle peut être en quête des habits ;
- **La sagesse** : il y a des rêves ou songes à ne pas expliquer en groupe pour éviter de sérieux problèmes notamment le divorce, les poursuites judiciaires, ...;
- **Un don ou une grâce** : Ne rien forcer, se laisser sous la conduite du Saint-Esprit.

3°) Les quatre interprètes des rêves ou songes :

La pratique en la matière présente 4 types d'interprètes des rêves ou songes. Il s'agit de :

- **la personne elle-même** : au cas où le rêve est clair et sans équivoque ou la personne en question dispose en elle de la capacité spirituelle ;
- **les professionnels** : les serviteurs de Dieu ayant le don d'interpréter à l'exemple de Joseph et des prophètes (**Genèse 41 : 14-15**).

  Dans **Daniel 5 : 10-12** par exemple la Bible dit : on trouvera chez Daniel appelé BELTSCHATHAR :

- un esprit supérieur ;
- de la science et de l'intelligence ;
- la faculté d'interpréter les songes, d'expliquer les énigmes et de résoudre les questions difficiles.

- **Les serviteurs de Dieu** : sous la grâce divine et l'inspiration du Saint-Esprit tout serviteur de Dieu peut interpréter un rêve ou songe, principalement les Bergers ou Pasteurs.
- **Le père spirituel**

Dans **Genèse 37 : 9-10**, le songe de Joseph a été interprété par son père Jacob, le soleil.

De ce qui précède, jusqu'à un certain âge de maturité spirituelle, le père spirituel peut interpréter les songes ou rêves de son fils. Mais à un certain âge, il peut de lui-même interpréter ses songes et ceux des autres sauf ceux qui sont difficiles et complexes laissés à la compétence de son père spirituel.

4°) Les quatre techniques d'interprétation :

- **Principe** :

« *Si tu peux voir, tu peux sûrement avoir* »

Ce que tu vois dans tes rêves ou songes : l'argent, les relations, la guérison, ... tu l'auras de manière sûre.

Dans **Genèse 13 : 14-15**, après sa séparation d'avec Lot, l'Éternel dit à Abraham lève les yeux, ce qui tu vois les contrées du nord, du midi, de l'orient et l'occident, c'est pour toi et ta postérité pour toujours.

- **Les 4 techniques d'interprétation**

Pour nous (les mystères des rêves ou songes, 2017), le rêve ou songe est le miroir de l'avenir ou de la vie d'une personne. Il est, ainsi, difficile que l'on se sépare du miroir si l'on veut bien apparaître et faire bonne figure.

Ces techniques sont :

- **La référence à la richesse Biblique :**

La Bible est la lumière des écritures, elle permet d'interpréter le songe ou rêve si l'on tient compte des révélations qu'elle contient.

Par exemple,

✓ La chute d'un gros arbre est la fin d'un règne d'un monarque ou grand roi;

✓ Perdre les dents en mangeant signifie avoir de problèmes sérieux de méditation et de lecture de la parole de Dieu, notre pain quotidien.

- **L'écoute du Saint-Esprit**

Aux choses surnaturelles, il faut une compréhension surnaturelle. D'où la nécessité d'écouter le Saint-Esprit et le laisser révéler des choses cachées (mystères) contenues dans le rêve ou songe.

- **La découverte du cœur du rêveur ou songeur**

Certaines questions posées au rêveur ou songeur notamment sur sa vie spirituelle, l'actualité du moment, ses sujets de prières actuelles peuvent éclairer l'interprète et ainsi lui accorder la clé d'accès au rêve ou songe et surtout sa signification.

- **Le Cœur de l'interprète**

Durant cet échange entre le rêveur ou songeur et son interprète, Dieu peut convaincre ou susciter dans le cœur de l'interprète les pistes d'interprétations du rêve ou songe. Ce que la personne ayant eu le rêve ou l'interprète a ressenti pendant le rêve ou songe ou ressent pendant l'échange peut faciliter l'interprétation notamment : la tristesse, la joie, le bonheur, le bien-être, ...

III. 3. 4. Les signes spirituels

Dieu communique également moyennant des signes spirituels, une réalité visible qui renvoie l'homme spirituel à la réalité spirituelle.

A. Définition

On entend par signe, tout ce qui, par nature ou par convention, fait connaître la pensée ou la volonté d'une personne, l'existence ou la vérité d'une chose.

B. Trois types des signes

On distingue, de manière générale, 3 types de signes :

- Les signes ordinaires ou conventionnels ;
- Les signes de confirmation de la Parole de Dieu ;
- Les signes spirituels.

a) Les signes ordinaires ou conventionnels

Depuis la nuit des temps, l'homme a eu à communiquer moyennant des signes. De nos jours, les initiés d'un milieu ou domaine quelconque sont capables de déchiffrer le message contenu et porté par chaque signe ordinaire ou conventionnel.

Ainsi, par exemple, la fumée symbolise la présence du feu, d'une habitation ou d'une activité humaine notamment. Dans certains de nos villages de la RD Congo, la paille posée sur une tige d'arbre au bord de la route indique aux passants surtout, la présence de la viande à vendre. Un chauffeur est informé du pont devant lui moyennant une signalisation routière.

Dans la Bible en **Josué 2 :18**, les espions envoyés par Josué demandèrent à Rahab la prostituée d'attacher le cordon de fil cramoisi à la fenêtre par laquelle, elle les a fait descendre. Ceci leur servira de signe lors de la prise et destruction de la ville de Jéricho pour épargner Rahab et ceux qui se trouveront dans la maison de la mort.

b) **Les signes de confirmation de la Parole de Dieu**

Ce sont, s'il faut le rappeler, ceux qui confirment le message que Dieu a donné. Ils ont pour rôle notamment de convaincre le chrétien.

c) **Les signes spirituels**

- **Notions**

Les signes spirituels constituent un ensemble de matériel dont se sert l'Éternel pour faire parvenir ses messages au chrétien ou à l'homme spirituel.

- **Les deux catégories**

- **Les signes spirituels visibles** :

✓ **Définition** :

Les signes spirituels visibles sont des signes visibles aux yeux du chrétien et, de fois, accessibles à toute la structure spirituelle dont il fait partie notamment une église, une équipe d'intercession, ...

✓ **Exemples**

x. Dans **Genèse 9 : 11-15**, en instituant son alliance avec Noé, Dieu se sert de « *l'arc-en-ciel* » comme signe qu'il n'y aura plus de déluge pour détruire la terre.

Ceci revient à dire que toutefois que l'homme spirituel voit l'arc-en-ciel, il se rappelle du message qu'il véhicule, à savoir l'alliance de l'Éternel avec Noé, celle de ne plus détruire par le déluge (les eaux) la terre.

xi. Dans **Exode 13 : 21-22**, l'Éternel marcha avec Israël moyennant deux signes spirituels visibles marquant notamment sa présence et sa protection : **la colonne de nuée**, le jour pour guider et **celle de feu** la nuit pour les éclairer. Dès que la colonne se mettait en marche, Israël levait le camp et se mettait un mouvement pour s'arrêter à son arrêt.

Dans notre marche chrétienne vers la maturité, il nous revient de bouger lorsque l'autorisation nous est donnée et nous arrêter seulement une fois que le signal arrive et, cela, moyennant le Saint-Esprit ou d'autres signes spirituels mis à notre service.

Cette stricte observance, ne faisant pas de nous des électrons libres, nous fera éviter plusieurs conséquences néfastes comme les échecs, l'opposition, ...

xii. Dans **Luc 11 : 30**, de la même manière que Jonas fut un signe pour les Ninivites (les habitants de Ninive), de la destruction de leur grande ville, de même Christ en est pour notre génération.

xiii. Un serpent traversant la route, par expérience, ou barrant la route n'est pas un bon signe surtout lorsqu'on est en mission d'évangélisation, de service ou d'affaires. Il symbolise notamment : l'opposition, le combat, l'adversité, un piège tendu à quelques mètres de là (un accident, une panne, ...), la présence d'un homme fort praticien de la sorcellerie des bêtes ayant pris en otage le milieu, etc.

✓ **Signification**

De manière générale, les signes spirituels visibles sont porteurs d'un message lequel peut être : l'amour de Dieu, la puissance de Dieu, l'avertissement d'un danger imminent, l'information sur un obstacle éventuel ou l'état d'âme d'une personne, le rappel de l'alliance conclue et la fidélité de Dieu, etc.

- **Les signes spirituels surnaturels**

- **Définition**

Les signes spirituels surnaturels sont ceux qui sont visibles ou, de fois, non mais sans, aucune explication scientifique. Dans le cas où ils sont invisibles, ils constituent des phénomènes surnaturels dont seulement l'homme spirituel doté des yeux spirituels peut les voir et découvrir le message qu'ils portent.

- **Exemples**

- Un ange avec une épée symbolise notamment la protection, le combat spirituel contre les forces occultes, ... ;

- La croix, une fois invisible, symbolise la puissance de Jésus-Christ, la victoire, les souffrances ou la mort décidée par le monde de ténèbres ;
- Les apparitions surnaturelles. Dans ce cas l'homme spirituel évitera de les ériger en loi même en cas de répétition ;
- Dans **Nombres 17 : 1-8**, Israël murmurait contre Moïse. Pour y mettre fin, l'Éternel décida d'opérer au travers un signe spirituel surnaturel visible, faire fleurir la verge de celui qu'il choisira. Ainsi, celle d'Aaron pour la maison de LEVI avait fleuri, poussé des boutons, produit des fleurs et mûri des amandes, un signe sans aucun soubassement scientifique.

Prière : *ma prière est que votre affaire, santé, projet fleurisse de manière surnaturelle jusqu'au point d'étonner votre environnement immédiat et lointain au nom de Jésus-Christ! Amen.*

- **Les 4 messages véhiculés**

De manière générale, les signes spirituels surnaturels sont porteurs de 4 principaux types de messages, à savoir :

- La confirmation du choix divin ou de sn mandat sur son serviteur ;
- La démonstration de la puissance de Dieu, de sa protection et surtout de sa supériorité sur les autres divinités et forces spirituelles en présence ;
- Une information nécessaire dont l'église ou le serviteur a besoin pour le succès du service spirituel qu'elle (il) mène ;
- Un rappel sur la présence ou son accompagnement dans la mission.

- **La bonne lecture des signes spirituels**

- **Les conséquences fâcheuses d'une mauvaise lecture**

En cas d'erreur ou de mauvaise lecture d'un signe spirituel, qu'il soit visible ou surnaturel, l'homme spirituel paie le prix des conséquences fâcheuses aussi bien dans sa vie, ses affaires que son ministère.

Parmi celles-ci, nous en citons 4 : la mort prématurée, les accidents brusques et pertes énormes, les échecs dans divers secteurs et le silence de Dieu dans les requêtes formulées pour cette fin.

- **Les trois ingrédients d'une bonne lecture des signes spirituels**

Une bonne lecture des signes spirituels visibles ou surnaturels permettra l'homme spirituel d'éviter toute erreur de lecture ou d'interprétation avec ses diverses conséquences et facilitera le succès dans tous les domaines.

Trois ingrédients facilitent cette bonne lecture des signes spirituels, à savoir : la parole de Dieu, le Saint-Esprit et le 3ème œil.

✓ **La Parole de Dieu**

Elle permet d'éclairer la lecture des signes spirituels, les visibles surtout.

✓ **Le Saint-Esprit**

Il donne la révélation aussi bien sur les signes spirituels visibles que surnaturels.

✓ **Le 3ème œil**

Ce sont les yeux spirituels, au-delà de 2 yeux physiques possédés par chaque humain, sans vouloir trop approfondir ce sujet, nous signalons à ce stade que l'homme spirituel, à un stade de maturité, détient 4 types d'yeux :

- **Les yeux corporels**

  Ils sont au nombre de 2 : l'œil droit et l'œil gauche.

- **Les yeux spirituels**

  - **Notions**

Les yeux spirituels permettent notamment d'ouvrir l'homme spirituel à l'autre monde, le monde spirituel avec comme effet immédiat de voir au-delà de la situation réelle ou du rideau (voile). Il accède ainsi à certains mystères de manière exceptionnelle.

  - **Les trois bénéfices**

Les yeux spirituels que nous qualifions de « *3ème œil* » ont plusieurs avantages notamment celui de (d') :

❖ Faire sortir de l'aveuglement spirituel

L'aveuglement spirituel est source de diverses souffrances dans la vie de l'homme spirituel.

Dans **Genèse 21 : 14-19**, Agar allait mourir avec Ismaël dans le désert si l'Éternel ne l'eut ouvert les yeux spirituels pour qu'elle voie le puits d'eau juste à côté d'elle. Nombreux sont des chrétiens qui, comme Agar l'Égyptienne, souffrent et, de fois, meurent alors qu'ils sont avec la solution ou qu'elle est à côté d'eux. Dans **Luc 24 : 13-16**, les deux disciples se rendant à Emmaüs ont eu à faire route avec Jésus-Christ sans le connaître parce que leurs yeux n'étaient pas capables de le découvrir.

❖ Avoir une direction

Les yeux spirituels permettent de donner une direction, c'est-à-dire la voie indiquée pour mieux avancer, contourner les obstacles et ainsi atteindre le point final. Dans **Nombres 24 : 3**, Balaam maîtrisant l'importance de ces yeux se déclare « *l'homme à l'œil ouvert* » comme pour dire celui qui ne tâtonne pas même s'il ya des ténèbres.

❖ Anticiper le résultat final

La vision claire que ces yeux donnent,facilitent non seulement une vision claire mais également la victoire avant le combat, le résultat final (l'avenir) sans aucun signe.

Les frères de Joseph, ne l'auraient pas vendu ou chercher à le faire mourir s'ils avaient des yeux spirituels et même Goliath ne devrait pas affronter David. Par contre, le prophète Samuel ayant vu Saül l'a traité non comme un chercheur des ânesses de son père mais comme le roi d'Israël sans qu'il le soit (**1 Samuel 9 : 17-24**).

Les trois possibilités

La possession des yeux spirituels résulte de possibilités :

- **La prière de l'homme spirituel**

Soucieux de sortir de l'aveuglement spirituel, l'homme spirituel va prier dans ce sens. Dans **Psaumes 119 :18**, la Bible présente une prière : « *ouvre mes yeux, pour que je contemple les merveilles de ta loi* ».

Cette prière, faite avec foi permettra aux écailles d'aveuglement spirituel de tomber et ainsi laisser place aux yeux spirituels (**Actes 19 : 18**).

- **La prière du père spirituel**

La prière du père spirituel, à l'instar de celle d'Élisée en faveur de son serviteur qui pourtant n'était pas aveugle, permettra à Dieu de doter des yeux spirituels l'homme spirituel (**2 Rois 16 : 17**).

- **L'action du Saint-Esprit**

Le Saint-Esprit dans sa capacité opérationnelle est capable de doter l'homme spirituel de ces yeux utiles à l'exercice de son ministère et sa vie notamment.

Prière : *Seigneur Jésus-Christ ouvre-moi les yeux spirituels pour mieux exercer le ministère que tu m'as confié au nom de Jésus-Christ! Amen.*

- **Les yeux de la foi**

Les yeux de la foi permettent à l'homme spirituel, un homme de foi, de marcher et d'avancer dans la vie en dépit de difficultés et, de fois, l'opposition (**2 Corinthiens 5 : 17**).

III. 3. 5. La voix audible

Pour parler à l'homme spirituel, Dieu se sert également de sa voix et, cela, sans passer par un quelconque intermédiaire.

A. Finalités

À la lumière des saintes écritures, en se servant de sa voix, l'Éternel vise notamment à :

- Confirmer une mission spécifique à un serviteur à l'instar de Moïse (**Exode 3 :4-10**) et Paul (**Actes 9 : 1-6**) ;

- Établir une alliance comme celle conclue avec Abraham (**Genèse 12 : 1-3**) ;
- Authentifier ou confirmer son serviteur (**Matthieu 3 : 16-17**) ;
- Se présenter, se révéler ou se faire connaître ;
- Créer ou appeler à l'existence les choses qui n'existent pas, ou annoncer ses décrets (ordonnances ou commandements) ;
- Etc.

B. La langue utilisée

Pour être mieux compris, Dieu se sert de la langue du destinataire quelle qu'elle soit.

C. Comment est cette voix?

Le prophète Elie essaie de décrire la voix audible de Dieu comme un murmure doux et léger (**1 Rois 19 : 12**).

III. 3. 6. La Bible, la Parole de Dieu

A. La Bible, la Parole inspirée de Dieu

Dieu se sert de la Bible, la Parole de Dieu, la prophétie par excellence pour parler à toute l'humanité en général et les rachetés ou chrétiens en particulier.

D'après **2 Timothée 3 : 16-17**, la Bible est inspirée de Dieu et utile pour :

- Enseigner ;
- Convaincre ;
- Corriger ;
- Et instruire dans la justice afin que l'homme de Dieu soit accompli et propre à toute bonne œuvre.

B. Dieu parle au travers la Bible

Pour parler aux chrétiens et non chrétiens au travers la Bible, Dieu se sert de 3 voies principales, à savoir :

- **La lecture** personnelle ou collective de la Parole de Dieu ;
- **L'écoute** de prédications diverses ;
- **L'étude biblique** personnelle ou dans des écoles et centres de formation.

Il sied de préciser à ce niveau que la Parole de Dieu lue et/ou prêchée contient à la fois :

- **Le Rhéma** : la révélation qui touche la vie de la personne ;
- **Le Logos** : la science c'est-à-dire la connaissance des faits.

De ce qui précède, la Parole de Dieu constitue à la fois pour le lecteur et/ou l'auditeur :

- Une information ;
- Une exhortation ou un encouragement ;
- Un enseignement ;
- Une prophétie ;
- Etc.

III. 3. 7. Les Anges

A. Notions

a) Définition

Du grec aggelos (prononcé angelos) signifiant envoyé ou messager, les anges sont des esprits au service de Dieu envoyés pour exercer un ministère en faveur de ceux qui doivent hériter du salut (**Hébreux 1 :14**).

b) Catégories

D'après **Apocalypse 12 : 3-4**, on distingue 2 catégories d'anges :

- Les anges déchus au service du diable et de ses serviteurs : ce sont les démons entrainés par la queue du dragon lors de sa chute (le tiers, 1/3) ;
- Les anges non déchus au service de Dieu et ses serviteurs (les deux tiers, 2/3). C'est de cette catégorie qu'il est question dans cette section.

c) Le nombre

La Bible ne détermine pas un nombre fixe d'anges. Dans **Daniel 7 : 10**, par exemple, il est dit : « *mille milliers servaient le Seigneur sur son trône et dix mille millions se tenaient en sa présence* ».

Dans **Apocalypse 5 : 11**, l'apôtre Jean, dans l'île de Patmos, dit que le nombre d'anges était des myriades et de milliers de milliers.

De ce qui précède, les anges non déchus sont extrêmement nombreux pour accomplir toutes les tâches qui leur sont confiés aussi bien en faveur de Dieu que des saints.

RENE PACHE (1982, p.84) porte à notre connaissance qu'une myriade représente « *dix milles anges* ».

S'il faut le rappeler, Jésus-Christ, dans **Matthieu 26 : 52-53**, demande à Pierre de remettre son épée à sa place étant donné qu'il a le pouvoir de demander à son père 12 légions d'anges. Il est vrai qu'une légion romaine avait des effectifs variant entre 3.000 et 6.000 hommes, donc 36.000 à 72.000 anges constitueraient la demande de Christ.

B. Caractéristiques

Les anges ont été créés par l'Éternel (**Psaumes 148 :2-5**). Ils ont en commun les quelques caractéristiques ci-après :

- L'absence de sexe : en conséquence, ils ne se marient ni ne sont donnés en mariage (**Matthieu 22 : 30**) ;
- L'absence du vieillissement, de la mort ainsi que de la reproduction ;
- La supériorité en force et en puissance (**2 Pierre 2 : 11**) ;
- La possession d'une très grande sagesse (**2 Samuel 14 : 20**);
- Etc.

C. Dieu parle au travers les anges

Dieu se sert également des anges pour porter son message auprès de son peuple. Ce message sert notamment à :

- Révéler les plans du Seigneur (**Daniel 9 : 21-24; Apocalypse 1 : 11**) ;

- Annoncer des événements heureux (**Luc 1 :8-13 ; Luc 1 : 26-32**) ;
- Instruire ses serviteurs (**Actes 10 : 1-6**) ;
- Etc.

III. 3. 8. Les Théophanies

A. Définition

Selon le Nouveau Dictionnaire Biblique (2002, p. 1276), la théophanie est une manifestation visible et/ou audible de Dieu. Dieu le Père est invisible (**Jean 1 : 18 ; 1 Timothée 6 : 16**). Il s'est manifesté aux hommes en la personne de l'Ange de l'Éternel (**Genèse 16 : 7 ; Exode 32 : 34; 33 : 14**), l'Ange de l'alliance (**Malachie 3 : 1**).

De qui précède, nous pouvons affirmer que les théophanies préparaient la future venue de Christ, l'incarnation de Christ, Dieu manifesté en chair.

B. Dieu a parlé au travers l'ange de l'Éternel

Pour CHARLES C. RYRIE (2005, p.70) avant l'incarnation, les théophanies (apparitions divines) étaient associées à l'apparition de l'ange de l'Éternel qui transmettait le message divin aux hommes (**Genèse 16 : 7-14; 2 Samuel 24 : 16; Zacharie 1 :12**).

Depuis l'incarnation du Seigneur Jésus-Christ qui est venu habiter au milieu des hommes, ces apparitions divines ont cessé.

III. 3. 9. Le Silence

A. Définition

Selon FRANK REISDORF-REECE (2000, p.481), le silence est, par définition, le fait de se taire.

De ce qui précède, le silence de Dieu signifie non seulement l'absence de sa voix audible mais aussi d'autres moyens de communication une fois qu'il est consulté pour un quelconque dossier. Il s'agit de l'absence de la réponse divine à une prière adressée sur un sujet quelconque.

B. Exemple

Dans **1 Samuel 14 : 36-37**, alors qu'il devrait affronter les philistins, le roi Saül consulta l'Éternel s'il les livrera entre ses mains. La Bible déclare qu'à ce moment, Dieu ne donna point de réponse à cette requête du roi. Il est entré dans son silence.

C. Les trois choses que le silence de Dieu n'est pas ou ne signifie pas

Le chrétien devrait éviter de donner au silence de Dieu une connotation ou explication qu'il ne représente pas. En effet, le silence de Dieu n'est pas synonyme de :

a) Son absence

Durant la période intertestamentaire, par exemple, Dieu est rentré dans un silence d'environ 300 à 400 ans. De même dans **1 Samuel 3 : 1**, la Bible déclare que du temps du prophète Eli,

la Parole de Dieu était devenue rare et les visions peu fréquentes. C'était la période du silence de Dieu mais pas son absence ;

b) Son inaction

Dans **Jean 8 : 3-11**, les scribes et pharisiens amenèrent à Christ une femme surprise en adultère. L'ayant demandé sa position par rapport à la loi de Moïse qui ordonnait qu'elle soit lapidée, le Seigneur garda silence et se mit à écrire sur la terre par son doigt.

Finalement son action a sauvé cette femme de cette loi injuste;

c) Son refus d'exaucement ou désintéressement

D. Les Cinq mystères du silence de Dieu

Bien des saints et hommes spirituels ont eu à faire face, de nos jours, à cette expérience de Dieu que nous qualifions de mystère à percer.

Dans **Job 30 : 20**, par exemple, Job dans son humiliation constate que Dieu rentre dans son silence et ne lui répond pas à ses cris de détresse.

De manière générale, le silence de Dieu est porteur du mystère, il signifie pour ce faire ou représente :

a) **Un test de la foi :**

Dans **Matthieu 15 : 21-28**, la femme cananéenne vécut un silence de Jésus-Christ alors qu'elle sollicitait la délivrance de sa fille tourmentée par les démons. Finalement, le Seigneur loua sa foi qu'il qualifia de grande.

De ce qui précède, le silence de Dieu constitue, de fois, un test de foi de l'homme spirituel pour voir son niveau. Comme cette femme, d'ailleurs étrangère aux promesses, l'homme spirituel ne doit pas abandonner ou lâcher le Seigneur Jésus-Christ jusqu'à l'exaucement. Comme Jacob durant cette nuit où a un autre nom pour nous, contrairement aux souffrances et à l'humiliation que vous traversez et ou subissez (**Ésaïe 62 : 1-4**).

b) **La colère divine**

Dans **Ézéchiel 3 : 26**, Dieu déclare faire de son prophète un muet devant Israël, une famille de rebelles. De même dans **1 Samuel 14 : 37-38,** le silence de Dieu se justifie par la non observation du vœu du roi en campagne militaire, et cela jusqu'au soir à la victoire complète de ne rien manger.

De ce qui précède, le silence de Dieu exprime sa colère et constitue un châtiment en même temps, à cause notamment de (du) :

- La rébellion ou péché ;
- L'entêtement de l'homme spirituel de continuer à importuner Dieu sur une question dont il s'est déjà prononcé. Cette tentation de l'amener à se contredire finit par susciter son silence.

c) **Le reflet de sa patience**

Face à l'infidélité du chrétien, Dieu garde silence, signe de patience jusqu'à ce qu'il se repente (**Ésaïe 57 : 11**).

d) La recherche d'engagement de la part du missionnaire

Dans **Apocalypse 5 : 1-5**, l'apôtre Jean pleure et constate un silence faute d'un missionnaire qui devant s'engager à ouvrir le livre et de le regarder.

Une fois que Dieu désigne un missionnaire ou confie une mission à un serviteur, il garde de fois silence pour avoir l'engagement de celui-ci pour accomplir cette mission.

e) La réponse à l'incrédulité

Lors de son interrogatoire Jésus-Christ garda le silence à cause de l'incrédulité du peuple.

Dans **Marc 14 : 60-61** par exemple, à la question de savoir de quoi il était reproché? Il répondit par un silence. En effet, sa réponse ne pouvait rien changer de la décision de sa crucifixion. Il garda alors silence.

Lorsque vous jugez que vos réponses ou arguments ne peuvent plus convaincre, il est utile, comme Christ, d'utiliser comme langage le silence afin que l'écriture s'accomplisse.

E. Peut-on interrompre le silence de Dieu

De fois, le silence de Dieu est insupportable, il heurte la conscience et met mal à l'aise l'homme spirituel ou le chrétien.

À la question de savoir s'il est possible d'interrompre le silence de Dieu, nous y répondons par l'affirmative. Il est possible que l'homme spirituel en tant que fils parvienne à faire sortir son Père dans le silence. Cela suppose un concours de plusieurs éléments à activer notamment :

- **La foi persévérante** : ne pas abandonner, se battre jusqu'à ce que l'Éternel parle ;
- **La repentance** : la reconnaissance de ses fautes, péchés et erreurs notamment la désobéissance aux ordonnances divines ;
- **L'humilité** : attitude à adopter ;

- **Les offrandes et sacrifices** de bonne odeur à l'instar de Noé juste à sa sortie de l'arche (**Genèse 8 : 18-25**). L'Éternel résolut de ne plus frapper la terre à cause de l'homme comme il venait de le faire ;
- **L'engagement dans la mission** reçue notamment au travers le zèle, les sacrifices consentis, ... ;
- **Etc.**

III. 3. 10. Les Événements ou circonstances

A. Notions :

De fois, l'Éternel fait concourir les événements négligeables ou non de la vie pour accomplir ses desseins.

a) Définition

Un événement d'après le Larousse illustré (1993, p.415) est ce qui se produit, arrive ou apparait ; fait, circonstance, fait important, marquant.

De ce qui précède, nous pensons qu'un événement ou une circonstance est un fait qui arrive ou s'accomplit dans la vie d'une personne de manière brusque ou non avec le pouvoir d'affecter ou marquer celle-ci de manière exceptionnelle ou non.

b) Exemples

1. Le mariage est un événement exceptionnel dans la vie de l'homme spirituel ou du chrétien ;
2. L'édit de César AUGUSTE relatif au recensement général permit l'accomplissement de la prophétie de la connaissance de Jésus-Christ à Bethlehem dans une mangeoire des bêtes parce qu'il n'y avait pas de place pour Marie et Joseph dans l'hôtellerie (**Luc 2 : 1-7; Michée 5 :1**).

B. Types d'événements

On distingue plusieurs types d'événements :

a) Si l'on tient compte de l'impact

1. **Les événements heureux** comme la naissance d'un fils, la signature d'un contrat de travail, le succès dans un domaine quelconque, l'élévation en grade, ... ils apportent la joie et la bénédiction ;
2. **Les événements malheureux**comme le décès d'une personne chère, le divorce, la perte du travail, la maladie, ... ils causent la peine et la souffrance dans la vie de la personne.

b) Si l'on tient compte du temps

Le temps de réalisation distingue :

1. **Les événements historiques** ayant en cours dans la vie de la personne soit dans sa famille, son église : ce sont des événements passés (**Ésaïe 43 : 18**);
2. **Les événements présents** : ceux qui arrivent dans la vie de la personne à un temps x (année, mois, jour, heure).

De ce qui précède, la vie est une suite d'événements lesquels varient et peuvent être heureux ou malheureux, historiques ou présents. Loin de nous l'idée de traiter de toute la question dans cette section, nous attelons particulièrement au langage de Dieu dans chacun d'eux.

C. Les quatre effets spirituels des événements dans la vie chrétienne

Lorsqu'ils surviennent dans la vie du chrétien ou de l'homme spirituel, les événements ont plusieurs effets spirituels parmi lesquels nous en relevons 4 principaux :

- La transformation ;
- Les blessures intérieures ;
- La croissance spirituelle ;
- La découverte.

a) La transformation

Certains événements transforment la vie spirituelle, matérielle ou financière de l'homme spirituel ou du chrétien. C'est le cas notamment de :

- **La rencontre personnelle avec Christ** : elle produit le salut, la repentance, une vie réparée, ... :
  - **Saül** le meurtrier, le persécuteur de l'église est devenu l'apôtre des nations (**Actes 9 : 10-15**) ;
  - **Zachée** s'est repenti et a accepté de réparer les torts causés (**Luc 19 : 6-9**) ;
  - **Etc.**
- **L'onction royale** en privé du roi Saül par exemple l'a transformé en une autre personne spirituelle (**1 Samuel 10 : 1-9**).

b) Les blessures intérieures

Certains événements causent des blessures intérieures (plaies non visibles à l'œil nu) aux conséquences néfastes dans la vie spirituelle notamment la déception, la honte, le désespoir, la rancune, ...

De retour à Bethléhem (Maison du pain), Naomi, femme d'Elimélec et mère de MACHLON et KILJON (ses deux fils) refusa ce nom et adopta celui de Mara signifiant *amer ou amertume*. Cette attitude est le résultat d'une blessure intérieure que la perte brutale de son mari et ses deux fils a causée.

c) La croissance spirituelle

Certaines événements, les difficultés ou souffrances surtout font grandir spirituellement l'homme spirituel ou le chrétien, le faisant ainsi passer de l'enfance à l'âge adulte.

La trahison de Joseph par ses frères, le dossier de la femme de Potiphar qui lui a couté la prison et l'ingratitude du serviteur de Pharaon, le chef des échansons ont fait de lui un adulte, capable de gérer toute l'Égypte grâce notamment à son endurance et l'esprit de pardon.

d) La découverte

Certains événements permettent à l'homme spirituel ou chrétien de découvrir Dieu, son potentiel spirituel et même certaines racines des maux de sa famille.

- **Les miracles** permettent la découverte de la puissance et de la grandeur de Dieu ;
- **Les faits historiques** d'une famille peuvent faire découvrir certaines racines des maux dont elle souffre depuis un temps quelconque ;
- **Les problèmes à affronter** comme celui de la traversée du Jourdain après l'enlèvement d'Elie a permis à Élisée de connaître le dépôt d'onction en lui (**2 Rois 2 : 12-14**).

D. La lecture des événements

Dans **Proverbes 16 : 4**, la Bible déclare que « *l'Éternel a tout fait pour un but* ». Donc, rien n'est le fait du hasard.

Dans **Daniel 2 : 21**, la Bible présente Dieu comme étant celui qui « *change les temps et les circonstances* ».

Eu égard à ce qui précède, la lecture correcte des événements, c'est-à-dire leur interprétation passe notamment par :

- **La Parole de Dieu** : la révélation générale et permanente ;
- **La révélation du Saint-Esprit** laquelle est exceptionnelle ou particulière.

Il convient de préciser que certains événements ne sont porteurs d'aucun message : ils sont ordinaires.

III. 3. 11. La Causerie

A. Définition

Causer signifie s'entretenir familièrement avec quelqu'un. Lui parler (Larousse illustré, 1993, p.195).

De ce qui précède, une causerie est un entretien, un échange entre deux ou plusieurs personnes autour d'un sujet donné.

B. Le langage de Dieu

Dans une causerie, l'Éternel a la possibilité de parler au chrétien ou à l'homme spirituel, au travers notamment :

a) **Sa propre bouche** lors d'un entretien spirituel, un échange sur sa vie, ... ;
b) **La bouche d'un serviteur de Dieu** moyennant une parole inspirée, de fois, inaperçue ou connue par l'instrument. L'attention de deux interlocuteurs est, de ce fait, recommandée pour éviter de laisser filtrer le message de Dieu.

Il est dit dans **Proverbes 10 : 11a** que « *la bouche d'un juste est une source de vie* ».

Dans **1 Samuel 9 : 1-17**, alors que Saül était à la recherche des ânesses de son père Kis, Dieu se servit de la bouche de son serviteur pour l'approcher du prophète Samuel afin qu'il soit oint en privé comme le premier roi d'Israël.

Le Pasteur Rick WARREN (2010, p. 34) s'est servi de sa femme Kay, comme il le raconte, du moins de son discernement spirituel, pour confirmer la direction de Dieu dans sa vie, celle d'implanter l'église en Californie dans la vallée de Saddleback.

Il conclut en disant, si Kay avait hésité à déménager, il aurait pris son avis comme signe de Dieu.

De fois, l'épouse ou l'époux du ministre de Dieu, du moins sa bouche, peut être le canal par lequel Dieu parle à son serviteur.

c) **La bouche d'un païen** de manière exceptionnelle ou rare étant donné que, le plus souvent, sa bouche est influencée et au service de l'ennemi.

Dans **Proverbes 10 : 11b**, il est dit « *la violence couvre la bouche des méchants* ».

Dans **Juges 7 : 13-15**, Gédéon arrive dans le camp de Madian de manière discrète, *il fait attention* à la causerie de deux militaires à propos d'un songe et son interprétation, il découvre que Dieu leur a livré le camp de Madian. Il passe directement à l'acte peu de temps après.

d) La bouche d'un enfant (**Psaumes 8 : 3; Matthieu 21 : 16**)

Dieu utilise également la bouche d'un enfant peu importe son sexe, pour parler à l'homme spirituel, c'est-à-dire :

- Fonder ou confirmer sa gloire ;
- Confondre les adversaires de l'homme spirituel ou du chrétien ;
- Imposer silence à l'ennemi et au vindicatif.

Croire qu'un enfant est faible et ne peut rien est une erreur grave pour l'homme spirituel étant donné que l'Éternel se sert toujours des choses viles ou faibles (**1 Corinthiens 1 : 26-31**).

C'est une petite fille du pays d'Israël que Dieu utilisa pour la guérison de Naaman, le général syrien de la lèpre. Et si la femme du général aurait négligé qu'adviendrait-il? Le général resterait lépreux à vie et peut-être perdrait son prestigieux poste (**2 Rois 5 : 1-3**).

C. Les trois attitudes à adopter

L'homme spirituel, en face du message de Dieu véhiculé au travers la causerie doit adopter les 3 attitudes suivantes :

- Capitaliser par la prière le message reçu ;
- Passer à l'acte comme Naaman ou Gédéon dans les heures ou jours à suivre et cela sans attendre ;
- Recevoir l'information et l'accepter seulement après un discernement.

III. 3. 12. Les Miracles et Prodiges

A. Notions

a) Définitions

1) D'après Henry C. THIESSEN, un véritable miracle est un événement exceptionnel, accomplissant une œuvre utile et révélant la présence et la puissance de Dieu.

2) Un prodige est une merveille, un événement en contradiction avec les lois de la nature.

b) Types de miracles

Il existe de ce qui précède, deux types de miracles :

- Les véritables dont il est question dans cette section ;
- Les faux miracles opérés par des moyens sataniques ou démoniaques (**Exode 7 : 11-12**).

c) Catégories de véritables miracles touchant la nature

Un véritable miracle est un événement exceptionnel en ce qu'il n'est pas un simple produit des lois soi-disant naturelles.

Les miracles touchant la nature se divisent en deux catégories :

1) Ceux dans lesquels les lois naturelles prennent de l'intensité comme dans le déluge, dans quelques-unes des plaies d'Égypte, dans la forme de Samson, etc ;
2) Ceux dans lesquels la participation de la nature est exclue, comme dans l'eau tirée du rocher, la multiplication des pains et des poissons, la résurrection d'un mort, la guérison d'un malade, etc.

B. Importance

- un vrai miracle accomplit toujours une œuvre pratique et bienfaisante. Les miracles de Jésus-Christ étaient pour le bénéfice de ceux pour qui il les faisait ;
- les vrais miracles sont une révélation spéciale de la présence et la puissance de Dieu. Ils prouvent son existence, sa présence, ses soins et sa puissance.

Eu égard à ce qui précède, les vrais miracles sont des occasions par lesquels Dieu sort pour ainsi dire, de sa cachette pour montrer à l'homme qu'il est le Dieu vivant, que c'est encore lui qui règne sur l'univers et qu'il est suffisant pour tous les problèmes de l'homme.

C. Dieu parle au travers de miracles et prodiges

Au travers les miracles et prodiges, Dieu parle aussi bien aux chrétiens qu'aux païens. Son message va dans le sens de (d') :

- Confirmer sa présence et sa puissance ;
- Répondre aux serviteurs de satan qui font des faux miracles ;
- Prouver sa capacité à résoudre les divers problèmes rencontrés par l'homme dans sa vie terrestre ;
- Amener les âmes au salut surtout celles qui sont incrédules ;
- Confirmer les dons spirituels placés dans ses serviteurs ;
- Etc.

III. 3. 13. Les Cantiques de Louange et d'Adoration

A. Notions

Pour R. KENT HUGHES (2005, p. 156), tout home qui se dit chrétien doit comprendre que l'adoration est la priorité fondamentale de sa vie. C'est pourquoi renchérit-il que le livre d'Exode consacre vingt-cinq chapitres à la construction du temple, le lieu où l'on adorait Dieu.

La pratique nous montre qu'il n'y a pas adoration sans musique, c'est-à-dire cantiques ou chants.

De ce qui précède, environ cinquante pour cent d'un culte d'adoration est composé de musique.

a) Définition

D'après FRANK REISDORF-REECE (2000, p. 88), un cantique est un chant d'action de grâce.

Selon le nouveau dictionnaire Biblique (2002, p.210), un cantique est un poème généralement court, une méditation spirituelle d'être chantée ou psalmodiée dans le service divin ou convenant à cette forme d'adoration.

b) Instruments

Les Psaumes nous apprennent que l'adoration était animée par des tambours, cymbales, trompettes, tambourins et instruments à cordes.

De nos jours, toutes sortes d'instruments sont utilisés pour la musique notamment les guitares, les micros, les synthétiseurs, ...

c) Différence entre la musique chrétienne et la musique profane

La musique n'est rien de plus qu'un alignement de notes et de rythmes.

Pour RICK WARREN (2010, p. 277), ce sont les paroles qui font qu'un chant est spirituel. Il n'y a pas de musique chrétienne, seulement des paroles chrétiennes.

De ce qui précède, la musique profane n'a rien de Christ, moins encore de la Parole de Dieu alors que la musique chrétienne est sacrée.

B. Les trois genres

La louange naît de l'émerveillement et de l'admiration en présence de Dieu. Elle suppose une âme épanouie et saisie ; elle peut s'exprimer dans un cri, une exclamation, une ovation joyeuse (**Psaumes 47 : 2**).

Le nouveau testament parle de 3 genres de cantiques (**Colossiens 3 : 16 ; Éphésiens 5 : 19**) :

- Les psaumes ;
- Les hymnes ;
- Et les cantiques spirituels : des improvisations spontanées soit sur les textes bibliques, soit sur des paroles composées par l'auteur du chant ou tirées d'une prédication, soit reçues de manière spirituelle ou inspirées du Saint-Esprit, ...

C. Dieu parle au travers les cantiques

S'il est vrai que chaque génération a besoin de nouveaux chants pour exprimer sa foi conformément aux **Psaumes 96 : 1**, il est aussi vrai que tout réveil spirituel est accompagné d'une nouvelle musique.

De ce qui précède, les cantiques, vu qu'ils contiennent des paroles chrétiennes, sont porteurs des messages de Dieu et lui permettent de parler aux cœurs de son peuple.

De fois, un chant touche plus qu'un sermon. C'est un outil puissant d'évangélisation, capable de contourner les barrières intellectuelles et même culturelles, permettant ainsi au message d'aller droit au cœur de la personne.

Pour ce faire, les messages véhiculés par les cantiques sont relatifs à (au, aux) :

- La consolation des cœurs brisés et déçus ;
- Réconfort ou encouragement ;
- La repentance pour ceux qui se sont égarés ;
- L'appel au salut ;
- La victoire ;
- Etc.

III. 3. 14. L'Urim et le Thummim

A. Notions

Ces mots mystérieux désignent un ou plusieurs objets de nature inconnue, inclus dans l'éphod, c'est-à-dire le vêtement sacré ou de circonstance, du souverain sacrificateur et placés dans le pectoral qui se portait sur la poitrine (**Exode 28 : 30 ; Lévitiques 8 : 8**).

D'après CHARLES C. RYRIE (2005, p.69), le pectoral que le souverain sacrificateur portait dans l'ancien testament était un carré fait de matériaux de grande beauté. Les deux parties étaient attachées entre elles par des cordons ; l'une couvrait la poitrine, l'autre le dos. Il était enchâssé de douze pierres précieuses sur lesquelles étaient gravés les noms des douze tribus d'Israël. L'Urim et le Thummim étaient peut être deux pierres précieuses placées à l'intérieur d'une sorte de bourse ; on s'en servait pour connaître la volonté de Dieu.

B. Dieu parle par l'urim et le thummim

Dans **1 Samuel 28 :6**, la Bible déclare que le roi Saül consulta l'Éternel; et l'Éternel ne lui répondit point, ni par des songes, ni par l'urim, ni par les prophètes.

De ce qui précède, l'Urim et le Thummim signifiant « *lumières et perfections* » (Nouveau dictionnaire biblique, 2002, p. 947), par abréviation Urim seulement était le saint oracle pour les juifs, placé sur la poitrine du souverain sacrificateur (**1 Samuel 23 : 9**), révélait à celui qui l'interrogeait la volonté de Dieu (**Néhémie 7 : 65, Esdras 2 : 63**).

Ainsi, la lumière et la loi parfaite ou l'intégrité permettaient de (d') :

- Connaître ou découvrir la volonté de Dieu concernant une nation, une tribu ou un groupe (**Nombres 27 : 21**) ;
- Orienter le peuple de Dieu dans ce qu'il doit faire, c'est-à-dire lui indiquer une direction à suivre (**Juges 20 : 18**).

C. La pratique

Le souverain sacrificateur consultait pour le roi ou le leader Dieu lors des urgences publiques ou nationales en se rendant dans le lieu saint (la 2ème partie du temple), près du voile en plaçant sa main sur l'Urim et le Thummim.En réponse, Dieu donnait son jugement et des instructions pour son peuple.

De nos jours, la tenue sacerdotale étant devenue plus spirituelle que symbolique, l'Urim et le Thummim sont invisibles aux yeux du monde mais portés dans le cœur du souverain sacrificateur.

III. 3. 15. Le Tirage au Sort

A. Notions

Nous n'accordons plus aujourd'hui, comme le déclare CHARLES C. RYRIE (2005, p. 69), beaucoup d'importance au sort, mais il servit parfois à faire connaître la pensée de Dieu à l'homme (**Proverbes 16 : 33**).

En effet, le tirage au sort, comme son nom l'indique, appliqué d'après les normes notamment lorsqu'il se fait accompagner de la prière, est une expression de la volonté divine lorsqu'on est en face d'un choix à plusieurs candidatures ou possibilités.

B. Dieu parle par le tirage au sort

Ce concept d'origine biblique, constitue un moyen de connaître la volonté du Père créateur dans certaines décisions importantes.
Le processus du tirage au sort est conçu pour éliminer toute volonté humaine notamment les penchants, ou un certain favoritisme, ... afin de connaître strictement la volonté précise du Père créateur sur une question précise.

Dans **Nombres 26 : 55-56**, Dieu ordonne à Moïse le partage de pays par tirage au sort. Ceci revient à dire que les territoires de Canaan, la terre promise, ont été divisés en pièces et ensuite celles-ci ont été tirées au sort pour être distribuées aux différentes tribus.

- Dans **1 Samuel 10 : 20-21**, bien que choisi par l'Éternel, le roi Saül fut désigné par Samuel après tirage au sort ;
- Les vêtements de Jésus ont été partagés par tirage au sort (**Matthieu 27 : 35 ; Marc 15 : 24**) ;
- Un apôtre, après la mort de Judas, a été choisi par le sort, c'était Matthias (**Actes 1 : 26**).

III. 3. 16. Les Visions

A. Définition

D'après l'encyclopédie biblique (2000, p. 531), la vision est l'action de voir, une perception par l'organe de la vue ; une représentation d'objets inaccessibles ou cachés produites par Dieu.
Selon le Nouveau Dictionnaire Biblique (2002, p. 1327), la vision est ce que Dieu montre de manière surnaturelle à l'esprit ou aux yeux du corps.

Pouvant se produire la nuit comme le jour, avec ou sans extase et quelque fois au moyen d'un songe, la vision est, de ce qui précède, un phénomène surnaturel provenant de l'Éternel et portant l'empreinte de son Esprit, de pureté, de vérité et de justice.

B. Formes

De manière générale, la vision prend l'une des formes ci-après :

- Elle peut s'adresser aux sens par l'intermédiaire d'un objet extérieur. C'est le cas, par exemple, de Moïse ayant vu un buisson ardent (**Exode 3 : 2**) ;
- Elle peut également se présenter uniquement à l'imagination sans concours des organes de sens. C'est le cas notamment de la vision de 4 êtes vivants par Ézéchiel (**Ézéchiel 1 : 4-5**) ;
- Elle ne peut parfois s'adresser qu'à l'intelligence. Nous citons à titre les révélations des semaines de Daniel (**Daniel 9 : 20-27**).

C. Dieu parle moyennant une vision

Au travers une vision, Dieu parle notamment pour :

- Confirmer une mission exceptionnelle à son serviteur accompagnée de plusieurs expériences comme ce fut avec Moïse (**Exode 3 : 1-10)** ;
- Faire connaître ses mystères à l'exemple d'Ésaïe ayant découvert le trône et les séraphins (**Ésaïe 6 : 1-3**), et Ézéchiel, les 4 êtres vivants (**Ézéchiel 1 : 1-5**) ;
- Annoncer les secrets ou choses à venir ;
- Etc.

D. La promesse

Les derniers temps sont ceux d'une jeunesse visionnaire d'après **Joël 2 : 28** : « *Après cela, je répandrai mon Esprit sur toute chair, vos fils et filles prophétiseront, vos vieillards auront des songes, et vos jeunes gens des visions* ».

E. Conclusion

Celui qui a une vision est surtout frappé parce qu'il entend, alors que celui qui fait un rêve l'est par ce qu'il voit. Il semble aussi que l'être humain est davantage actif dans le cas d'une vision (**Ésaïe 1 : 1, 6 :1 ; Ézéchiel 1 : 3**).

III. 3.17. Les Sensations ou Irritations corporelles

A. Notions

Les sensations ou irritations corporelles sont des manifestations corporelles diverses, surnaturelles et mystérieuses véhiculant les messages de Dieu.

Il s'agit, en effet, de diverses réactions ressenties dans le corps du chrétien par lui-même et suscitées par le Saint-Esprit pour faire parvenir à celui-ci un message quelconque.

Eu égard à ce qui précède, les sensations ou irritations corporelles sont des ondes ou signaux, célestes traversant le corps du chrétien à un certain moment de la journée ou de la nuit au travers notamment une odeur, des cheveux hérissés ou tout autre mouvement dans l'une des parties du corps, ... pour faire parvenir un message le concernant émanant de Dieu.

B. Dieu parle par des sensations ou irritations corporelles

a) Exemples

1. Dans **Luc 1 : 39-42**, la Bible déclare que dès qu'Élisabeth entendit la salutation de Marie, son enfant tressaillit en son sein, c'est-à-dire, elle reçut un message de la part de Dieu que :

- Marie qu'elle était en train de recevoir est grosse ;
- Le fruit qu'elle porte est exceptionnel.

Remplie du Saint-Esprit, elle déclare : « *Tu es bénie entre les femmes et le fruit de ton sein est béni* ».

2. Dans **Job 4 : 15**, il est dit par Eliphaz de Théman, ami de Job : « *un esprit passa près de moi ... tous mes cheveux se hérissèrent ...* »

La présence d'un esprit, quel qu'il soit, fait hérisser les cheveux du chrétien.

b) Les quatre types de messages

Une fois que le Saint-Esprit se sert de cette voie pour parler au chrétien, il lui fait parvenir principalement 4 types de messages, à savoir :

- **Une information** relative à l'arrivée ou la présence d'une bonne ou mauvaise personne, d'une bénédiction, ... ;
- **Une interdiction** à faire un mouvement, prendre une décision, initier un programme spirituel ou d'affaires, faire un choix, ... ;
- **Une autorisation** à exécuter un projet d'affaires, un programme spirituel, à observer une certaine attitude, à faire un choix, ... ;
- **Une révélation** notamment sur ce qui va arriver, l'état d'âme d'une personne, l'imminence d'une attaque, etc. Ceci va dans le sens d'un avertissement notamment.

c) La lecture spirituelle des sensations ou irritations corporelles

La bonne lecture spirituelle des sensations ou irritations corporelles passe notamment par :

- **La prière** d'ouverture d'intelligence par le Saint-Esprit pour la compréhension des mystères : ce sont des lumières dont disposait Daniel (**Daniel 5 : 11-12**) ;
- **L'accompagnement spirituel** de son berger, coach, mentor ou père spirituel ;
- **La pratique et l'expérience** feront qu'on avance dans la découverte et la compréhension de ces mystères ;
- **Etc.**

C. Quelques exemples

Notre petite expérience dans ce domaine du parler de Dieu nous renseigne qu'un corps pur, le temple du Saint-Esprit exempt de toute souillure, reçoit chaque jour un ou plusieurs signaux notamment :

- **Une mauvaise odeur surnaturelle** : la révélation du parfum démoniaque comme sous les odeurs démoniaques ou mauvaises odeurs dont porte sans se rendre compte la personne en face, en dialogue pastoral ou une visitation démoniaque qui arrive bientôt ;

- **Les cheveux ayant tendance à se hisser** : la visitation des anges surtout lorsqu'on est en prière, la présence du feu du Saint-Esprit, ... ;
- **Les irritations à la cuisse gauche** : une interdiction à sortir, partir immédiatement ;
- **Les irritations du côté gauche du ventre** : un jeune obligatoire non programmé mais imposé par le Saint-Esprit pour le bien ou la victoire du chrétien, une interdiction à prendre le repas qui sera présenté, ... ;
- **Etc.**

III. 3. 18. Les Prophètes

A. Notions

a) Origine

L'Éternel Dieu a eu à instaurer le ministère prophétique depuis l'ancien testament.

Le prophétisme commence par Abraham. Dans **Genèse 20 : 7**, il est déclaré non par un homme mais par Dieu prophète lors de son entretien avec le roi Abimélec.

Mais avant Abraham, d'autres serviteurs ont soit exercé le don de prophétie ou le ministère prophétique. C'est le cas notamment d'Hénoc qui n'a pas connu la mort (**Jude 14**) et Noé (**2 Pierre 2 : 5**).

Outre Moïse, le prophète pas comme les autres dont Dieu parlait face à face (**Nombres 12 : 6-8**), Dieu a promis de susciter au milieu de son peuple élu des femmes et hommes inspirés, capables de dire avec autorité la totalité du message qu'il leur demandera d'exposer (**Deutéronome 18 : 18-19**).

b) Définition

D'après FRANK REISDORF-REECE (2000, p. 415), le prophète, de l'hébreu « *Nabhi* » est le messager de Dieu pour annoncer les vérités éternelles et pour rappeler le peuple de Dieu à l'obéissance et à la fidélité. Son message consiste à annoncer les choses présentes et, à cause de l'apostasie et de l'infidélité, les choses à venir.

De ce qui précède, le prophète est celui que Dieu revêt de son autorité pour qu'il communique sa volonté aux hommes et les instruire. Il est le porte-parole de Dieu, parlant sous l'inspiration divine.

c) La prophétie

C'est le moyen par lequel Dieu communique sa pensée à son peuple. Il s'agit, dans ce cadre, du message du prophète, le témoignage qui se rapporte à l'interprétation des temps et circonstances, une vérité actuelle ou future.

B. Quelques caractéristiques du prophète authentique

L'ère prophétique est caractérisée par l'émergence des faux prophètes à côté des vrais, c'est-à-dire authentiques.

Dans **1 Jean 4 : 1**, il est de la responsabilité du chrétien de faire la différence entre les deux pour éviter notamment toute confusion et erreur.

a) Qualifications de faux prophètes

- **Exemples de faux prophètes**

- Sédécias, à la tête d'environ 400 prophètes, ayant induit le roi Achab en erreur de monter combattre les syriens. La conséquence a été sa mort au combat (**1 Rois 22 : 5-6**) ;
- Bar-Jésus, le magicien, connu sous Elymas ayant fait opposition à Paul et Barnabbas qui prêchaient le proconsul Sergius Paulus afin de détourner la foi de celui-ci (**Actes 13 : 6-8**). La conséquence est qu'il est devenu aveugle pour un temps ;
- Les prophètes de Baal et d'Astarté qui mangeaient sur la table du roi, se servant ainsi des moyens du trésor public. Ils étaient environ 850 (**1 Rois 18 : 17-19**).

- **Qualifications de faux prophètes**

La Bible présente les faux prophètes comme des :

- Ivrognes (**Ésaïe 28 : 7**) ;
- Adultères (**Jérémie 23 : 14**) ;
- Infidèles (**Sophonie 3 : 4**) ;
- Menteurs (**Michée 2 : 11**) ;
- Opportunistes (**Michée 3 : 10**) ;
- Loups ravisseurs (**Matthieu 7 :15**);
- Etc.

b) Quelques caractéristiques du prophète authentique

Le vrai prophète est porteur de quelques caractéristiques ci-dessous :

- **Les signes** : les prodiges et miracles accompagnant son ministère (**Exode 4 : 8**) ;
- **L'accomplissement des prédictions** : la réalisation des événements qui ont été prédits (**Deutéronome 18 : 21-22**) ;
- **Le message spirituel** : il doit être conforme à la Parole de Dieu (**Deutéronome 13 : 1-3**) ;
- **Etc.**

C. Dieu parle au travers les prophètes

Dans **1 Corinthiens 14 : 1-5**, l'apôtre Paul nous exhorte à aspirez aux dons spirituels, surtout celui de la prophétie. Il appuie sa doctrine par le fait que :

- Le prophète parle aux hommes alors que celui qui parle en langue, parle à Dieu ;
- Son message constitue une édification, une exhortation et une consolation pour l'église :

- **une édification** : le message qu'elle communique, d'après Josiane S. Johnson (2019, p. 87), bâtit en nous ou en celui qui reçoit une personnalité solide et forte. Elle enlève de nous les choses erronées et améliore notre connaissance de Dieu ;

- **une exhortation** : c'est-à-dire un encouragement à observer les recommandations de Jésus-Christ ;
- **une consolation** : un message d'espoir.

De ce qui précède, Dieu parle à son peuple au travers les prophètes authentiques pour annoncer :

- les prédictions d'avenir comme la famine prédite par AGABUS (**Actes 11 :27-28**); la sécheresse par Elie (**1 Rois 17 : 1**), ... ;
- la prospérité, la restauration (**Joël 2 : 25-27**) ;
- les avertissements, jugements de Dieu ou corrections ;
- l'obéissance et la fidélité à Dieu ;
- la révélation des choses cachées : des secrets ou mystères notamment les plans de Dieu, les secrets du cœur de la personne, ... ;etc.

III. 3. 19. Les Actes et Gestes Prophétiques

A. Notions

a) Les actes prophétiques

1. Définition

Un acte prophétique peut se définir comme étant une action ou manifestation involontaire et surnaturelle d'un fait sous inspiration du Saint-Esprit et posé par un prophète ou tout autre serviteur de Dieu dans un objectif quelconque, dans ce cadre, celui d'exprimer la pensée de Dieu.

2. Exemples

- Dans **1 Rois 19 : 19-20**, le prophète Elie, après son expérience mystérieuse sur le mont CARMEL, jette son manteau sur Élisée, un acte prophétique signifiant son appel au ministère prophétique ;
- Dans **Osée 1 : 1-2**, l'Éternel demande au prophète de prendre en mariage GOMER, fille de DIBLAIM prostituée et les enfants de la prostitution pour

signifier la prostitution d'Israël, c'est-à-dire l'abandon de l'Éternel en faveur d'autres dieux ;

- Dans **1 Samuel 10 : 1**, le prophète donne en privé l'onction royale à Saül. Fils de Kis, à la recherche des ânesses perdues de son père pour symboliser son accession à la royauté d'Israël.

b) **Les gestes prophétiques**

1. **Définition** :

Un geste prophétique est un mouvement du corps, notamment de la main, des bras, de la tête, sous inspiration du Saint-Esprit, porteur d'une signification spirituelle.

2. **Exemples :**

- Dans **Actes 21 : 11**, le prophète AGABUS arrivée à Césarée prit la ceinture de Paul et se lia les pieds et les mains. Ce geste prophétique avait pour signification l'emprisonnement de Paul à Jérusalem et sa livraison aux mains des païens ;
- Dans **Jérémie 13 : 1-10**, l'Éternel demande au prophète d'acheter une ceinture et d'aller la cacher près du fleuve Euphrate pour la retirer plusieurs jours après. Cette ceinture gâtée symbolise Juda dont l'Éternel se décide de détruire l'orgueil ;
- Dans **Ésaïe 20 : 1-4**, l'Éternel parle à son peuple au travers un geste prophétique d'Ésaïe, celui de se déchausser et marcher pieds nus symbole de a captivité d'Israël en Égypte où les jeunes hommes et les vieillards marcheront nus et déchaussés et le dos découvert dans 3 ans ;
- Mon fils, Manassé, une fois qu'il me remet des feuilles de la fleur de la parcelle en signe d'argent, nous recevons l'argent le même jour ou au plus tard 48 heures.

B. Ressemblances et menaces

a) Ressemblances

L'acte et le geste prophétiques sont des manifestations spirituelles posées par une personne sous inspiration du Saint-Esprit pour exprimer sans paroles la pensée divine.

b) Nuance

La limite entre le geste prophétiques et l'acte prophétique est difficile à tracer. Toutefois, en tant que manifestation spirituelle, l'acte a plus de portée que le geste.

C. Dieu parle au travers les actes et gestes prophétiques

La pensée exprimée par l'Éternel au travers les actes et gestes prophétiques est relative notamment à :

- L'appel au ministère ;
- L'annonce d'une bénédiction imminente ;
- L'avertissement ou l'appel à la repentance ;
- La révélation des mystères ;
- Etc.

Il revient à cet effet au chrétien d'avoir une bonne lecture de l'acte ou du geste prophétique au cas où celui qui l'a posé n'exprime pas la pensée de Dieu dont il est porteur.

III. 3. 20. Les Langues Interprétées

A. Les Trois bénéfices du parler en langues

Lorsqu'un chrétien rempli du Saint-Esprit parle en langues, il en tire 3 bénéfices. Soit il :

- S'édifie lui-même (**1 Corinthiens 14 : 4**) ;
- Prie, c'est-à-dire adore ou loue l'Éternel, et adresse ses requêtes ;
- Annonce des mystères.

C'est justement ce dernier bénéfice qui nous concerne dans cette section.

De ce qui précède, il est possible que Dieu parle à son peuple au travers des langues inconnues des hommes, langues des anges, à condition que celles-ci soient interprétées. Il y a, donc, nécessité que celui qui parle en langues dispose du don d'interprétation des langues (**1 Corinthiens 14 : 5**).

B. Notions

Le parler en langues est un don spirituel accordé par le Saint-Esprit à un chrétien pour exprimer les mystères en esprit (**1 Corinthiens 14 : 2**). Dans ce cas, l'intelligence du chrétien n'a pas de part.

Ce don est surtout accompagné d'un autre, celui d'interprétation soit par la même personne parlant en langues, soit par une autre personne qu'elle (**1 Corinthiens 14 : 3**).

En définitive, sans une interprétation correcte et exacte, le don des langues qui ne sont pas interprétées, en particulier la prière privée en langues, sont stériles (**Corinthiens 14 : 14**).

C. Les langues, un signe pour les non-croyants

D'après **1 Corinthiens 14 : 22**, les langues constituent un signe non pour les croyants mais pour les non-croyants.

D. Les trois moyens de la prophétie

La prophétie nous parvient de 3 manières différentes, à savoir par :

- La langue comprise par les personnes concernées ;
- Les actes ou gestes prophétiques ;
- Les langues des anges ou spirituelles nécessitant de l'interprétation.

De ce qui précède, les langues à mystères dont il est question ici, sont des prophéties exprimées par un serviteur de Dieu non en langue comprise par les personnes concernées moins encore au travers les actes ou gestes prophétiques.

E. Dieu parle au travers les langues interprétées

Dans **1 Corinthiens 12 : 10**, la Bible parle de la diversité des langues, c'est-à-dire un nombre non exact des langues au tant que le Saint-Esprit en dispose.

a) Deux types d'instruments

Dans ce secteur, Dieu se sert soit d'un instrument ou de deux instruments :

- Un ministre de Dieu ayant la capacité surnaturelle de parler en langues et d'interpréter avec exactitude celles-ci en faveur de l'église. Il se posera un problème d'authentification du message par les personnes concernées ;
- Deux ministres de Dieu différents dont l'un parle en langues et l'autre sert d'interprète pour les rendre compréhensibles.
  Cette manière de travailler à deux permet à l'église surtout d'authentifier la vérité du message même si cela est vrai dans le premier cas où la même personne parle et interprète.

b) Les messages

En se servant des langues, Dieu parle à l'église notamment pour :

- Édifier, exhorter ou consoler les âmes ;
- Appeler son peuple à la repentance ;
- Avertir son peuple des conséquences fâcheuses de sa conduite ou des dangers qui le guettent en temps précis ;
- Révéler des mystères à l'église ;
- Etc.

F. Le discernement

Le discernement des esprits est une capacité surnaturelle de distinguer entre la vraie source et de fausses sources de la révélation surnaturelle (**1 Corinthiens 12 : 10**).

L'église en général ou le chrétien en particulier doit veiller en esprit pour distinguer la bonne semence, le blé de la mauvaise, l'ivraie étant donné que nous vivons des temps où le faux cherche à se faire accepter comme étant le vrai.

De ce qui précède, en matière des langues, il y a des vraies et fausses langues. Pour ne pas tout consommer au risque de se faire tuer, l'église ou le chrétien est appelé à faire la part des choses, c'est-à-dire différencier les langues émanant du diable et celles de Dieu.

III. 3. 21. La Parole de Sagesse

A. Notions

La Parole de Sagesse (**1 Corinthiens 12 : 18**), s'il faut le rappeler, est un don spirituel, du grec traduit par « ***charisma*** » tiré du mot « ***grâce*** » charis et désigne quelque chose qui est dû à la grâce de Dieu.
De ce qui précède, un don spirituel désigne une aptitude accordée par Dieu à une personne en vue du service.

La parole de sagesse peut se définir comme étant une parole surnaturelle dictée par le Saint-Esprit par un jugement sain basé sur la connaissance. Il s'agit d'une petite portion de la sagesse divine exprimée au bon moment.

B. Bénéfices

La parole de sagesse permet à l'église de tirer les quelques bénéfices ci-dessous :

- La révélation de la pensée de Dieu à son peuple en face d'un problème préoccupant, mettant ainsi fin aux tâtonnements ;
- L'harmonie complète dans une famille, église, ... bref le corps de Christ ;
- Une décision d'ensemble est prise, celle qui sauve et consolide l'église ;
- Etc.

C. Exemple

Dans **Actes 15**, il y avait un concile à Jérusalem de tous les dirigeants de l'église pour résoudre un problème épineux relatif aux conditions à être exigées aux gentils c'est-à-dire des païens, étrangers, toutes les nations qui n'étaient pas de race Israélite, convertis à la fois chrétienne.

Dans **Actes 15 : 19-20**, Jacques reçut du Saint-Esprit une parole de sagesse : « *c'est pourquoi, je suis d'avis qu'on ne crée pas des difficultés à ceux des païens qui se convertissent à Dieu, mais qu'on leur écrive de s'abstenir des souillures des idoles, de la débauche, des animaux étouffés et du sang* ». Cette parole de sagesse les a amenés à se mettre d'accord ensemble, d'accord sur la pensée de Dieu (**Actes 15 : 28**).

D. Manifestations

La parole de sagesse se manifeste notamment pendant :

- La prédication ;
- Que survient des problèmes dans l'église ;
- La période de persécution ou de combat dans la vie du chrétien ;
- Etc.

E. Message

La parole de sagesse a pour message l'édification ou la construction du corps de Christ. Ceci peut se produire si elle est adressée à l'un de ses membres, à un petit groupe ou à une vaste congrégation.

III. 3. 22. La Parole de Connaissance

A. Notions

La parole de connaissance (**1 Corinthiens 12 : 8**) est un don spirituel, une capacité surnaturelle permettant au ministre de Dieu de révéler des secrets cachés de la vie d'une personne ou de l'église.

B. Exemples

1) Dans **Actes 5 : 1-10**, l'apôtre Pierre opérant moyennant la parole de connaissance, a découvert le mensonge d'Ananias et Saphira sans que ceux-ci aient le temps d'exprimer leur repentir.

2) Dans **Actes 9 : 1-18**, Ananias est révélé de plusieurs choses concernant Saül notamment :

- Le lieu où il se trouvait (l'adresse) ;
- L'attitude de prière qu'il avait adoptée ;
- La vision qu'il a eue ;
- Etc.

3) Dans **Jean 4 : 17-18**, Jésus-Christ dit à la samaritaine que tu as 5 maris et le 6ème que tu as ne t'appartient non plus.

C. Différence entre la parole de connaissance et la parole de sagesse

- La parole de sagesse est directive alors que celle de la connaissance est informative ;
- La parole de connaissance nous donne des faits tandis que celle de sagesse nous dit ce qu'il faut faire à propos des faits.

D. Messages

La parole de connaissance permet de véhiculer comme message notamment :

- La révélation, la découverte des secrets, permettant à la personne d'éviter d'être infiltrée par des hypocrites ou de marcher dans les ténèbres ;
- La crainte de l'Éternel une fois que le secret est connu car Dieu sonde les cœurs et les reins (**Psaumes 7 : 10**) ;
- Édifier le corps de Christ ;
- Etc.

III. 4. Jésus – Christ, la révélation par excellence

Nous ne pouvons pas achever cette étude sans parler de Christ, même s'il nous est difficile d'aborder toute la profondeur et la largeur de cette matière dans ce cadre étant donné que c'est le fondement ou la base de la foi chrétienne.

Dans **Hébreux 1 : 1-3**, la Bible dit, au début de cette épitre : « *après avoir autrefois, à plusieurs reprises et de plusieurs manières parlé* *à nos pères par les prophètes, Dieu dans ces derniers temps, nous a parlé par le fils, … le reflet de sa gloire et l'empreinte de sa personne* ».

De manière simple, la Bible nous présente la différence principale entre le parler de Dieu vétéro-testamentaire ou de l'ancien testament (autrefois) et celui du nouveau testament, l'approche néo-testamentaire (dans ces derniers temps).

Si dans l'ancienne Alliance, Dieu s'est servi des tournures, vents, grandes démonstrations spectaculaires comme l'ouverture et les tremblements de terre, dans la nouvelle alliance sans exclure tous ces moyens, il se révèle principalement au travers Jésus-Christ, le reflet de sa gloire et l'empreinte de sa personne.

En effet, Jésus-Christ, au travers ses actes, œuvres et paroles nous a notamment :

- Fait connaitre le Père (**Jean 1 : 14**), sa sagesse (**Jean 7 : 47**), sa puissance et sa gloire ;
- Révélé la nature de Dieu et son amour (**Jean 3 :16**) ;
- Enseigné les desseins du diable (**Jean 10 : 10**) ;
- Fait connaitre le Saint-Esprit (**Jean 14**), etc.

Bref, Jésus-Christ, le véritable Dieu (**1 Jean 5 :20**) est venu mourir à la croix pour que nous soyons sauvés et préparés à sa seconde venue. Il nous parle au travers de sa personne et d'autres voies anciennement et actuellement utilisées comme les rêves ou songes, les dons spirituels (la prophétie, les langues interprétées, la parole de connaissance et celle de sagesse), …

Le Christianisme se distingue des religions de ce monde orientées principalement vers le silence et la méditation notamment par le fait que :

- Dans les religions c'est l'homme qui est à la recherche de la divinité alors que dans le christianisme, c'est Dieu qui nous cherche pour nous sauver ;

- Dans les religions, il n'y a pas de salut alors qu'il l'est en Jésus-Christ la parole faite chair dans le christianisme (**Jean 3 : 16**).

CONCLUSION

Il sied de rappeler à ce stade que notre investigation a porté sur « ***Les 22 manières du parler de Dieu*** » dont le texte principal a été celui de **Job 33 : 14-18**.

En abordant cette étude si importante, nous avons voulu répondre aux préoccupations nombreuses de plusieurs chrétiens en général, et des étudiants de l'École Supérieure de la Bible, ESB en sigle, 2ème niveau, une école de Théologie Pratique de l'Église Gopher en particulier dans ce secteur et doter ceux-ci de la maîtrise du langage de Dieu.

De la même manière que la croissance d'un fils est le souci de tout parent, de la même manière la croissance spirituelle du chrétien est le souci de Jésus – Christ et de tout conducteur du troupeau car en effet, il ne suffit pas de naître spirituellement au travers le salut, la porte d'entrée au christianisme, encore faut-il grandir et impacter le monde aussi bien spirituel que matériel. Cela passe notamment par la maîtrise du parler ou langage de Dieu.

En effet, Dieu parle et cela, de plusieurs manières différentes. L'essentiel pour le chrétien ou l'homme spirituel est de les découvrir pour mieux saisir les mystères et changer les choses aussi bien dans sa vie que celle de son environnement immédiat en ayant une dimension spirituelle voulue capable de comprendre la largeur, la longueur, la profondeur et la hauteur de l'amour de Christ (**Éphésiens 3 : 18**).

La vie ministérielle dépendant de la vie spirituelle comme le visible tient de l'invisible, l'ignorance des mystères portés par les différentes manières du parler de Dieu est source de plusieurs conséquences fâcheuses dans la vie chrétienne ou ministérielle notamment les accidents, les maladies, les envoutements et blocages divers, la mort brusque ou prématurée, ...

Loin de nous l'idée d'être exhaustif dans ce secteur mais en tant qu'apôtre, nous bénissons l'Éternel pour avoir posé les fondements dans ce secteur du langage de Dieu avec 22 voies laissant ainsi libre cours aux suggestions diverses et compléments éventuels.

Que toute gloire revienne à l'Éternel.

BIBLIOGRAPHIE

CHARLES C. RYRIE, *ABC de la Théologie Chrétienne*, la maison de la Bible, Lyon, 2005, 634 pages ;

FRANK REISDORF-REECE, *Encyclopédie Biblique*, CLC, Paris, 2000, 540 pages;

HENRY C. THIESSEN, *Guide de doctrine Biblique, Fondement d'une vie nouvelle,* Para, 2002, 334 pages ;

J. RICE, *La Prière,* CLC, Paris, 2002, 334 pages ;

JOSIANE S. JOHNSON, *Comment Dieu Parle, Les Principes de Base, Genèse Fondation*, Avril 2019, 152 pages ;

Le Petit Larousse illustré, *Larousse*, Paris, 1993, 1776 pages ;

Nouveau Dictionnaire Biblique, Emmaüs, Saint-Légier, 2002, 1364 pages ;

R. KENT HUGHES, *Les Disciplines spirituelles d'un homme attaché à Dieu, Homme de Dieu exerce-toi à la piété*, Sembeg, Montréal, 2005, 379 pages ;

RICK WARREN, *Une église motivée par l'essentiel, Motivé par l'essentiel,* Paris, 2010, 400 pages ;

RENE PACHE, *L'Au-delà,* Emmaüs, Saint-Légier, 1982, 292 pages ;

Vincent LUSHIMA, *Les Dispensations,* VIAPED, Kindu, 2015, 10 pages ;

Vincent LUSHIMA, *Les Mystères des rêves ou songes,* inédit, Novembre 2017 ;

William Mac Donald, *ABC du Disciple,* la Maison de la Bible, Lyon, 2006, 352 pages.

TABLE DES MATIERES

Printed by Books on Demand GmbH, Norderstedt / Germany